大川隆法
RYUHO OKAWA

中国発・新型

コロナウィルス 人類への教訓は何か

北里柴三郎　R・A・ゴールの霊言

まえがき

とにかく、まずは読んでもらうしかないだろう。

今、急速に全世界に展開中の、中国発・新型コロナウィルス感染の今と今後について、かつて伝染病対策で成果を上げた「北里柴三郎《きたさとしばさぶろう》」氏の霊言と、ニューヨーク・タイムズにまでその名が登場した宇宙的存在、「R・A・ゴール」からのスピリチュアル通信を一冊にまとめたものである。

日々に情報が変転していく中で、根本原因の探究と、未来予測は、極めて難しいが、伝統的な「常識信者」から、悪口《あっこう》、雑言《ぞうごん》、批判、非難を浴びても、言うべきことは言うのが私の天命だと信じている。

宇宙人は、通常は地球文明に介入《かいにゅう》できないルールがあるが、人類の危機と地球文明の破滅の時期には介入できるとされてきた。「今がその時」なのだろう。

古代からの神々の神話の中には、地球産の「神」でないものもいる。謙虚に耳を傾けてみようではないか。

二〇二〇年　四月二十一日

幸福《こうふく》の科学《かがく》グループ創始者兼総裁《そうししゃけんそうさい》　大川隆法《おおかわりゅうほう》

中国発・新型コロナウィルス 人類への教訓は何か　目次

2

3　北里柴三郎から見た「霊界《れいかい》の真実」や「経済の見通し」　63

第2章　宇宙からの未来分析《ぶんせき》

——R・A・ゴールの霊言——

二〇二〇年三月三十日　収録
幸福の科学 特別説法堂にて

第二部　R・A・ゴールのメッセージ

第1章　親中思想への警告

——R・A・ゴールの霊言——

二〇二〇年三月十七日　収録
幸福の科学 特別説法堂にて

2

世界は今、何かに気づかなければならない

3

日本は「国の立て直し」が必要

第2章　地球を超《こ》えた宇宙的救世主の存在

――UFOリーディング㊻（R・A・ゴール）――

二〇二〇年三月十八日　収録

幸福の科学 特別説法堂にて

第3章 唯一神《ゆいいっしん》への信仰に目覚めよ

——R・A・ゴールの霊言——

二〇二〇年三月二十五日 収録

幸福の科学 特別説法堂にて

第一部　中国が仕掛《しか》ける〝ウィルス戦争〟の真相

〈第一部所収の霊言の収録時状況〉

第一部所収の二本の霊言が収録された三月三十日時点でのコロナ感染状況は、世界の感染者七八万六八〇四人（四月二十日現在、二四八万五〇三人に拡大）、死者三万八五八一人（同一七万三九七人）。日本の感染者一九五三人（同一万一一三五人）、死者五六人（同二六三人）。すでに習近平氏の国賓としての来日延期や東京五輪の延期が決定していましたが、緊急事態宣言の適否についてはいまだ慎重に検討を続けている段階での収録でした。

「霊言現象《れいげんげんしょう》」とは、あの世の霊存在の言葉を語り下ろす現象のことをいう。これは高度な悟《さと》りを開いた者に特有のものであり、「霊媒現象《れいばいげんしょう》」（トランス状態になって意識を失い、霊が一方的にしゃべる現象）とは異なる。

なお、「霊言」は、あくまでも霊人《れいじん》の意見であり、幸福の科学グループとしての見解と矛盾《むじゅん》する内容を含《ふく》む場合がある点、付記しておきたい。

第1章　北里柴三郎《きたさとしばさぶろう》の霊言《れいげん》

二〇二〇年三月三十日　収録
幸福の科学　特別説法堂《せっぽうどう》にて

北里柴三郎《きたさとしばさぶろう》（一八五三～一九三一）
細菌学者《さいきんがくしゃ》。熊本《くまもと》県出身。東京医学校（現・東京大学医学部）卒。一八八三年、内務省衛生局に入局。八六年、ドイツに留学してコッホに師事し、八九年に破傷風菌の純粋培養《じゅんすいばいよう》に成功、血清療法《りょうほう》を開発する。帰国後は伝染病《でんせんびょう》研究所長を務めたが、研究所の内務省から文部省移管を機に辞職し、北里研究所を設立した。また、ペスト菌の発見や結核《けっかく》予防、慶應義塾《けいおうぎじゅく》大学医学部の創設など、日本の公衆衛生、医学および医学教育の発展に貢献《こうけん》した。

質問者
大川紫央《おおかわしお》（幸福の科学総裁補佐《ほさ》）

［役職は収録時点のもの］

1　新型コロナウィルスについての中国の驚《おどろ》くべき動き

細菌学《さいきんがく》の北里柴三郎《きたさとしばさぶろう》先生を招霊《しょうれい》し、コロナウィルスについて訊《き》く

（編集注。背景に幸福の科学の根本経典《こんぽんきょうてん》である『仏説《ぶっせつ》・正心法語《しょうしんほうご》』のＣＤがかかっている）

大川隆法　北里《きたさと》病院の創始者であります、北里柴三郎《しばさぶろう》先生。細菌学《さいきんがく》の北里柴三郎先生。

ペスト菌等の対策を考えられました、北里柴三郎先生。

どうか、降りてきて、現在のコロナウィルス蔓延《まんえん》に関する対策等の肝《きも》の部分といいますか、要点の部分だけでも、何か言ってくださいませんでしょうか。どの程度

まで、お分かりになるのでしょうか。
北里柴三郎先生よ、よろしくお願いします。
北里柴三郎先生。

（約五秒間の沈黙《ちんもく》）

北里柴三郎　北里です。
大川紫央　初めまして。こんにちは。
北里柴三郎　お札《さつ》にしてくれるそうなんですがねえ。
大川紫央　はい。

北里柴三郎　そのころまで、日銀があるといいですねえ。

大川紫央　本日はありがとうございます。今、新型コロナウィルスが世界を覆《おお》っている感じになってきましたが、これをどのように見ていらっしゃいますか。

北里柴三郎　いや、「パンデミック（感染症《かんせんしょう》の世界的大流行）」っていう言葉を使っているけど、みな、本当のことは分からないで、来年、オリンピックができて、花見もできて、普通《ふつう》に、平常にもうすぐ戻《もど》れる気分はあると思うんですよ。「春休みが終わったぐらいで平常に戻れる」と。日本人の大多数はそうでしょうが、世界各地で、今、（感染者数が）急増中でしょう。大都会でも急増ですが、これから貧困国で流行《はや》り始めます。

大川紫央　今、アメリカとか……。ああ、アフリカですね。

中国の隠蔽《いんぺい》がワクチン開発を遅《おく》らせている

北里柴三郎　本当は、対策をするには、中国がウィルスを培養《ばいよう》していたなら、「研究所で何を培養していたか」ということを正直に明らかにして……。

先進国の研究者とも協力して、それのワクチンをつくるのを急がなければいけないけど、完全に隠蔽《いんぺい》に入って、「アメリカの攻撃《こうげき》だ」とか、いろんなことを言って〝混ぜっ返して〟いるため、研究が遅《おく》れますよね、どう見ても。ワクチンをつくったりするのも、最初の研究のほうが分かれば、たぶん、もうちょっと早くできるけど。

大川紫央　なるほど。ウィルス自体の解明から入らなくてはいけなくなっているから……。

北里柴三郎　そうそう。どうやってつくったか。

大川紫央　そういうことですよね。

北里柴三郎　それをつくった人は、ワクチンをつくるのも早い、本当はね。でも、今、隠蔽に入っているから、その証拠《しょうこ》となる人は、実際には証拠隠滅《いんめつ》で〝消され〟ていると思うんです。

大川紫央　うーん。なるほど。

北里柴三郎　ウィルスをつくった人たちまで、たぶん、武漢《ぶかん》ではもう〝消され〟始めていると思う。

だから、証拠を残さないようにしようとしていると思うので。世界で勝手に蔓延したようにやられると思う。その意味で、対策が遅《おそ》くなると思います。

自分のところで兵器をつくるなら、多少、万一《まんいつ》のときの研究はしておくものですけどね。これは、自然界の「天然ウィルス」じゃないです、明らかに。

だから、対策は考えていなきゃいけないし、考えてはいたと思うけど、できてはいなかったんだろうと思う。その責任者たちまで、たぶん処分されるから。それこそ、いわゆる「粛清《しゅくせい》」です。そうされるから、（対策が）遅れます、そうとう。アメリカがやっただの何だのと言っているのを見れば。だから、かなり広がりますよ。遅れるから、対策が。

そして、日本は、来年オリンピックをまた呼ぼうとして、中国を責めませんから、中国対策が遅れる。

衛生状態の悪い中国は、もっと汚染《おせん》されているはず

北里柴三郎　中国の内部は、もっと汚染《おせん》されているはずです、絶対に。衛生状況《じょうきょう》は、日本なんかよりはるかに悪いので。

都市部だけ、一部だけはよくて、（北京《ペキン》）オリンピックや上海万博《シャンハイばんぱく》で、一部、外国向けに改善したところはありますが、普通のところでは衛生状態がグーッと悪い。

衛生状態という意味では、インドも悪いし、アフリカもすごいですし。ヨーロッパや米国で、あんなに急速に感染が流行っているようじゃ、中進国以下のところでは、病院なんて、もうまったく役に立たない。

実際、入っても、要するに、ワクチンはないし、今、対処するための療法《りょうほう》がないので、もはや助かる見込《みこ》みはないんですよね。

だから、日本も、「酸素吸入のそれ（人工呼吸器）をつくってくれ」って言う、工場にね。それならつくれるから。肺炎《はいえん》になって呼吸が苦しくなるので、「酸素吸

入（器）をつくれ」とだけ言っていますが、それでは治りはしないですねえ。だから、「延命をさせる」ということでしょうけど、呼吸困難になるので。ただ、もう病床《びょうしょう》がないから、そんなもので酸素吸入をしている人ばっかりをいくら入れても、結局、どうにもならないですよね。

中国が致死率《ちしりつ》の高いウィルスを広めている可能性がある

北里柴三郎　あとは、イタリアで、中国の医師団が行ってからあと、やたら人がいっぱい死んで……。

大川紫央　死んでいますよね。

北里柴三郎　一万人以上、もう死んでいますし（収録時点）。まあ、おかしい。ちょっと、別の原因がまだある可能性もないとは言えないので、もう一段の研究が要《い》りますが。

私は、「致死率《ちしりつ》」が変わっていくのを「おかしい」と見ています。最初は致死率がすごく低かったのに、だんだん高くなってきているので、「これは本当に、すっごく大量に人を殺す目的があったものなんじゃないかな」と……。人を殺す目的でつくったウィルスだったら、そうとうなものになります。

大川紫央　最初、致死率が低かったのに……。

北里柴三郎　上がってきた。

大川紫央　高くなっていく理由は何ですか？

北里柴三郎　うーん。広めているかもしれない、まだ。

大川紫央　逆に、広めているということですか？

北里柴三郎　うん。

大川紫央　えぇーっ！

北里柴三郎　まだ広めている可能性がある。

それを絶滅させるものがないのに、致死率を高めるようなもの、ウィルスが悪化する、悪性化するものについての研究をしていた可能性がある。

要するに、もっと濃厚《のうこう》な〝培養菌〟を出せば、悪性化はしますから。

大川紫央　ああ、なるほど。

「月刊Ｈａｎａｄａ《ハナダ》」か「Ｗ・ｉＬＬ《ウィル》」のどちらかに書いてあったことですが、「中国は、武漢でウィルスが発生したあと、早期の段階で医療関係者ではない、生物兵器を扱《あつか》う軍のトップの少将を送った」と……。

これは、「中国が『自分のところの生物兵器が流出したんじゃないか』と考えていることを立証しているのではないか」ということなのですが。

北里柴三郎　だから、最初から知っている。最初は謙虚《けんきょ》で、謝《あやま》ったりしていたものですよねえ。「自分のところの責任だ」と思っていたからでしょう。

ところが、途中《とちゅう》から、「損害賠償《ばいしょう》を請求《せいきゅう》されたり、制裁されたりする」と見て、今度は反対に〝混ぜっ返し〟に入っている。彼《か》の国は必ず証拠隠滅に入るので、これは大変で、研究できないんですね。

中国の洞窟《どうくつ》にいるコウモリからウィルスを抽出《ちゅうしゅつ》して培養《ばいよう》？

北里柴三郎　でも、日本は、比較《ひかく》的まだ少ないところで済むと思うんですけどね。ただ、「来年七月にオリンピックを延ばす」と言っていますが、私の見るところ、来年はできないと思います。

それほど大きいと思います。だから、日本だけがよくなれば済む問題じゃあないし、来年の段階で、まだワクチンはできていないと思います。

大川紫央　では、やっぱり「複雑なウィルス」ってことでしょうか？

北里柴三郎　「人工ウィルス」ですから。〝兵器〟として、これはつくられている……。

大川紫央　可能性が高いのですか？

北里柴三郎　うん、高い。これの致死率を高める方法も研究していると思います、おそらく。天然じゃないですね。抽出《ちゅうしゅつ》で幾《いく》つかのものを混ぜ合わせている可能性はありますが、いろいろなものから取ったウィルスを培養《ばいよう》していたと思うんです。

可能性がいちばん高いのは、コウモリです。中国の洞窟《どうくつ》にいるコウモリのなかから抽出したウィルスの可能性が極《きわ》めて高いのです。ただ、それだけではなくて、そのなかで、特に悪性のものを濃《こ》くしていくような培養をしていたはずなので。やっているうちに（外へ）出ちゃったんでしょうね、たぶん。

大川紫央　昨日《きのう》見たら、ペストの致死率は六十パーセントから九十パーセントという、とても怖《こわ》い数字が出ていて……。

北里柴三郎　うん。イタリアでは、（新型コロナウィルスの致死率が）一割に行っていますから、もうすでに（収録時点）。

大川紫央　当時の世界人口の四分の一ぐらいが亡《な》くなったこともあるようです。

北里柴三郎　最初のころには、中国とか日本とかでは（今回の感染症の致死率を）風邪《かぜ》程度と考えて……。

大川紫央　はい、そのような感じでした。

北里柴三郎　「インフルまでは行かない」っていう感じだったのが、上がってきつつあるので、「ちょっとおかしい」と私は見ています。

大川紫央　なるほど。

「病院という病院に『死神の軍団』が行っている感じ」

大川紫央　霊界《れいかい》では、どのような感じでしょうか。

北里柴三郎　そうですねえ、今、死神がたくさん〝出動要請〟を受けている感じのように見えます。いつになく大量の「あの世行き」が発生するので、病院という病院に、もう「死神の軍団」が行っている感じですね。

大川紫央　コロナウィルスは、最初、風邪とかインフルエンザとか、そのような雰《ふん》囲気《いき》から始まっているけど、もうちょっと深刻化する可能性があるということですね。

北里柴三郎　過去、見逃《みのが》したからね。過去、「MERS《マーズ》」とか「SARS《サーズ》」とか、実は中国発のウィルスが出ているんですけど、このときも、研究していたのが漏《も》れたんですよ。

大川紫央　なるほど。

北里柴三郎　出たものなんですけど、そのときに〝中国バッシング〟をしなかったでしょう?

大川紫央　追及《ついきゅう》しなかったですね。

北里柴三郎　収まったら、それで済んだけど、でも、それよりももっと毒性の高いものを研究していたはずなんです。

核《かく》戦争ではアメリカに勝てない中国が「ウィルス攻撃《こうげき》」を仕掛《しか》けた？

大川紫央　アメリカの方々が、中国に対して訴訟《そしょう》を起こしたりしていますけど……。

北里柴三郎　だって、核《かく》戦争をやってアメリカに勝つ見込みがないもの。だから、やっぱり「ウィルス攻撃《こうげき》」とか考えた。電子兵器による攻撃も考えてはいたけど、でも、これも、アメリカが本気でやれば、たぶん米国には勝てない。ウィルス性のものだったら、犯人は分からないので。いやあ、私の感じですけど、これで中国が、もし「収まっている」とか言っているんだったら……。

大川紫央　はい、おかしいです。

北里柴三郎　中国に最初に出したのは、致死性の低いもので……。
大川紫央　ああ。それを中国内に出して……。
北里柴三郎　外国には、もっと（致死性の）高いものを持ち込んでいる可能性があるんじゃないか。外国から人が入らないようにはしようとしているから。だから、犯人でないように見せている可能性が、ちょっとある。
大川紫央　ああ！　なるほど。そこまで計算して……。
北里柴三郎　中国なんか、多少人が死んでも、どうってことはないので。三千人やそこら、何とも思っていません。
（新たな感染者が）増えていないってのは、これ、絶対おかしいから。もし統計が嘘《うそ》でなければ、致死性の低いものが漏れてしまったので、今度は高いものを……。その時点では、まだ〝あれ〟（拡散）できないですから。去年の十二月にそれが漏れていたのを知ったあと、高いものを各国に持ち出した可能性はあると思います。

大川紫央　確かにイタリアは怪《あや》しいんですよね。中国からの医師団を受け入れてから、けっこう広がっていますよね。

北里柴三郎　スペインのほうにも行っているしね。あと、〝EU全滅〟に行くでしょう。「中国が『あとを助ける』というかたちを取って、乗っ取る」という方法がありますので。

〝現代のチンギス・ハン〟には、こんなウィルスで国を取るぐらいのことをする可能性がないとは言えないので。

もし、中国のほうだけ、このウィルスの特性をある程度、研究できていて、自分

●**現代のチンギス・ハン**　幸福の科学の以前の霊査によると、モンゴル帝国の初代皇帝ジンギス・カン（チンギス・ハン）は、現代に、中国の習近平氏として転生していると推定されている。『世界皇帝をめざす男』（幸福実現党刊）参照。

のところにはそんなに広がらず、他国でだけいっぱい死ぬようなことがあった場合、これは研究に何年もの落差があれば起きることなのです。

いや、アメリカの経済制裁が始まったあたりから、〝逆襲《ぎゃくしゅう》〟を考えていた可能性はあると思われます。

「自国に広がったのが、どこまで事故なのか。わざとやったのか」については、ちょっと分かりかねますが、すぐに武漢が閉鎖《へいさ》に入ったのを見れば、ある程度、広がらないようにする方法を考えた上でやった可能性もあるんです。それだったら、「生物兵器戦争」です、これは。

2　中国による〝ウィルス戦争〟——その狙《ねら》いと被害《ひがい》の予想

北里柴三郎の予想では「最終的には世界で五億人は死ぬ」

北里柴三郎　もしかしたら……、私の予想は、今のところ、まだ十分じゃないですが……。今、三月二十九日？　三十日ですか。

大川紫央　三十日ですね。

北里柴三郎　三十日現在で、「（世界の感染者《かんせんしゃ》が）七十万人を突破《とっぱ》した」って言っているけど、検査できていない人もだいぶいると思う。世界での広がり方はそうとうなもので、最終的には、やっぱり、「五億人は死ぬ」という判断を……。

大川紫央　世界でですか？

北里柴三郎　世界で五億人は死ぬ。日本の数は怖《こわ》くて言えないけど。もし、幸福の科学が頑張《がんば》って、そんなに広がらないとしても、それでも、やっぱり五万は死ぬ。

大川紫央　けっこう行きますね。

北里柴三郎　だから、そのなかで、どんな経済活動ができるか、ビジネス活動ができるか、まったく読めないですね。

中国はキリスト教国を滅《ほろ》ぼそうとしているのか

北里柴三郎　特に、あのバチカンがあるイタリアなど、カトリック国を今襲《おそ》っているあたりが非常に気にはなるし。キリスト教のほうを殲滅《せんめつ》するのは、一つの目標としてあるんじゃないかと思う。

大川紫央　ああ、なるほど。ヨーロッパには、キリスト教の勢力がけっこうありますものね。

北里柴三郎　うん。カトリックのところと、あと、プロテスタントのところもそうですが、キリスト教国を滅《ほろ》ぼそうとしているように見える。

大川紫央　あと、「アメリカに多いのも、やっぱり理由がある」と？

北里柴三郎　そうそうそう。（ウィルスを）持ち込《こ》んでいる可能性がある。分からないですよ、こんなの。初期だったら、たぶん持ち込まれても分からない。あのときは、そこまで厳密じゃなかったから。だから、一月段階で持ち込まれていたら、もうそれは無理です。仕掛《しか》けて、そのあと逃《に》げればいいんですからね。これは分からないですね。

これは、もう一段、悪い構図を考えたほうがいいし、日本も、病院がもうすぐ終わりになるっていうか、病院に行ったら感染する時代がもうすぐ来るので。

大川紫央　でも、やっぱり、「きちんと原因を追究するべく、世界が動かなくてはいけない」ってことですよね。

北里柴三郎　いけないいんです。特に日本がいちばんね。

大川紫央　（日本は）駄目《だめ》ですねえ。

北里柴三郎　中国を護《まも》ろうとするから。あなたがたは「中国発だ」と言ったり、それから、アメリカもそう言っているけど、日本人の大多数はそういう思考を持たないので、「中国はかわいそうだ」とか……。

大川紫央　かわいそうだと言っています。

北里柴三郎　東大の総長は、中国の武漢《ぶかん》出身の留学生を総代にし、（卒業式で答辞を）読み上げさせたりして、東日本大震災《だいしんさい》の被災者《ひさいしゃ》みたいな感じにした。

大川紫央　被災者の扱《あつか》いですねえ。

「これは、ウィルス戦争の可能性がかなり高い」

北里柴三郎　これも、いちおう狙《ねら》いがあるんじゃないかと思うんですよ、向こうの、中国のほうで。

何て言うの？　最初の被害者……、「最初に狙われたように見せた人が犯人」というのは、こんなのはあるじゃないですか。推理小説なんかで……。

大川紫央　はいはい、はいはい。小説でよくあるパターンですね。

北里柴三郎　ね？　いちばん疑われなかった人が、実は犯人というの？　最初に「怪我《けが》を負った人」とか、「誰《だれ》かに狙われたように見えた人」が犯人というのはよくある話ですけれども、そのパターンの可能性がかなりある。

致死率《ちしりつ》がね、途中《とちゅう》から上がってくるというのはおかしいんですよ、どう見ても。

そりゃ、〝震源地〟のほうが強くなければ、絶対におかしいんですよ。

大川紫央　おかしいですよね、確かに。

北里柴三郎　遠くへ行ったところのほうが致死率が上がるなんてありえないので。いや、「キスだ、握手《あくしゅ》だ」と言っているけれども、まあ、みんな、ある程度これが蔓延《まんえん》してきているのを知っての上ですからねえ。

大川紫央　確かに、「致死率が上がる」というのは変ですよね。

北里柴三郎　おかしいです。これも……。

大川紫央　ということは、ハグとか、そういう問題ではないということですよね。

北里柴三郎　違《ちが》うと思うよ。知った上でだから。知らないでなら分かりますけれども。もうすでに手洗いとか、いろいろ言っているあとですから。ハンカチで鼻をかむとか、まあ、そのレベルの問題ではないと思いますね。

だから、たぶん、まずね、まあ、イスラム圏《けん》も、もちろん考えてはいると思うけれども、イスラム圏は産油国だから、当面は〝皆殺《みなごろ》し〟にする必要もまだそんなにないんですよ。中国のほうが優位なので。だけど、キリスト教国は、中国より優位なところが多いので。

これは、「ウィルス戦争の可能性がかなり高い」と、私は思います。

大川紫央　なるほど。

北里柴三郎　これだったら、打つ手はもうほとんどないですね。これは、どんなに頑張っても、完全なワクチンをつくるのは……。

やっぱり、この状態では研究ができないし、医療《いりょう》関係者も患者《かんじゃ》に追われて、もう研究どころじゃない状態ですよね。

いや、これはおかしいと思いますね、どう見ても。

先進国が弱れば、必然的に中国がリーダーになる構図が出てくる

大川紫央　ウィルスが中国から発生しても、やはり、中国に対しての見方もまだ変わってはいないので、対応の遅《おく》れなどが出て、すべてが悪循環《あくじゅんかん》になっていますね。そして、まだ何も気づいていません。

北里柴三郎　国賓《こくひん》で呼ぼうとしていた。

今の桜の季節は、習近平《しゅうきんぺい》さんが国賓で来るぐらいのつもりだったんでしょ？

だけど、向こうは、アメリカとの経済戦争が起きてね、何とか、一撃《いちげき》、返さなき

ゃいけないころでしたからね。

大川紫央　アメリカが中国を攻撃《こうげき》しているのに、わざわざ日本は習近平の地位を保障するような行動を取っているようにしか見えないので。

北里紫三郎　おかしいですよね。

大川紫央　確かに、日米同盟ということから考えてもおかしいですよね。

北里紫三郎　まあ、たぶん、（日米同盟を）壊《こわ》すつもりでやっているんだと思いますけれどもね。

まあ、日本の致死率は少し低いとは思いますけれども、おそらく、外国の場合は、単に中国で感染しただけではない可能性が高いと思うので。そういうのが……。いや、そんなに大勢の人数は要《い》らないんですよ。

でも、国家レベルでねえ、オウム真理教みたいなことをやられたらねえ、たまったもんじゃないですよ。

大川紫央　なるほど。本当ですね。

北里柴三郎　うーん……。要するに、先進国が消費をしますからね。先進国の「戦力」を削《そ》ぐということと、「消費」を削ぐ。

大川紫央　確かに。先進国を弱らせると、必然的に中国が……。

北里柴三郎　世界のリーダーになるんですよ。

大川紫央　そうですね。そして、ほかの後進国は、自分たちで使えますものね。

北里柴三郎　そうそうそうそうそう。ただ、ワクチン開発は、私は、三年ぐらいでできるとは思えないので。

大川紫央　いや、やはり、本当に原因を追究するためにも、武漢でなぜウィルスが発生したのかを、世界で追及《ついきゅう》しないといけないですよね。

北里柴三郎　閉鎖国《へいさこく》ですからね、あの巨大《きょだい》さでねえ。

「ペスト」や「スペイン風邪《かぜ》」並みの被害《ひがい》がありえる

北里柴三郎　私が見ているかぎりは、これは、人工的につくられたもので、武器として使われたものなので。

その最終的な致死率の高さは……、これは上がっていく可能性があると見ていますので。逃げられないんですよ、もうねえ。本当に逃げられないんですよ。だから、人と人とが会えないようになったら……、全体主義国家以外は完全なシャットアウトはできない。でも、そういう（全体主義の）国だけはできますね。北朝鮮《きたちょうせん》だって、もうシャットアウトできるかもしれませんけれどもねえ（苦笑）。だけど、要するに、ほかの民主主義国家にとっては、こういうウィルスがいちばん危険で、民主主義政治ができないものなので。

うーん……。いや、これはもっと疑ったほうがいいと思います。私は、天然のウイルスはこんなにはならないと思いますね。やっぱり、「ペスト」や「スペイン風《か》邪《ぜ》」並みの被害《ひがい》を考えておいたほうがいいかもしれないので。

大川紫央　それは、そうとうですね。

北里柴三郎　最終的にどこまで行くかは分からないけれども。まだ甘《あま》く考えているので。

大川紫央　おそらく、「ペスト」や「スペイン風邪」などとはレベルが違うと、まだどこかでみんなが思っていると思います。

北里柴三郎　あのねえ、まだ「マスク」や「手洗い」ぐらいで防げると思っているから。

いや、それを「兵器だ」と考えれば、そんなもんじゃないですよ。

いちおうねえ、これは、もっと重要な事態が進んでいる。「億」の単位まで死ぬかもしれない可能性まであるということは、知っておいたほうが……。

まだそこまで、みんな考えていないと思うんですよ。まだ何とかして防げるものだと思って、ええ。イタリアが〝棺桶《かんおけ》〟一万人分以上も出しても、まだ偶然《ぐうぜん》ぐらいに思っている。

大川紫央　あと、「今のところ、回復されている方も八割ぐらいいる」といいますけれども。

北里柴三郎　これから二重三重に回っていくんですよ。

大川紫央　なるほど。Ｒ・Ａ・ゴールさんにも訊《き》いたほうがいいのでしょうか。

北里柴三郎　そちらは、私にはちょっと分からないけれども、まあ、私の見立てとしては、そうとう厳しい。

AI社会を進めて民主主義を潰《つぶ》そうとしている〝殺人ウィルス〟

北里柴三郎　今は対策がもうないので。本当に孤立《こりつ》する以外に対策がない状態なので。各人を独房《どくぼう》に入れて接触《せっしょく》しないようにするしかないけれども、もうこれじゃ、経済活動ができない状態ですよね。

大川紫央　ご飯《はん》も食べないといけませんし。

北里柴三郎　だから、これは、いやあ、第二波は「世界大恐慌《だいきょうこう》」でしょ？　こちらも来るから。

大川紫央　そうですね。

北里柴三郎　いや、これは、ＡＩによって「政治」も「経済」も動かすような時代に入る可能性があるので。

大川紫央　中国が目指していることですね。

北里柴三郎　そうです。そのものです。

大川紫央　なるほど。

北里柴三郎　「ＡＩが判断すればいい」ということになる。全部、それで仕切ればいい。人間じゃなくて。

これは民主主義を潰《つぶ》そうとしている〝殺人ウィルス〟じゃないかと思います。

だから、日本は、まだまだものすごく甘いと思います。

大川紫央　はい。

謎《なぞ》の病気、経済的な大敗北で、「民主主義の死滅《しめつ》」を目指す中国

北里柴三郎　さあ、最終的にどういうかたちで解決するかということですが。（約十秒間の沈黙《ちんもく》）万《まん》が一《いつ》ですよ、中国が言っていることが本当でね、武漢のが終わって、そして、もう感染者がゼロになっているというなら、彼らは、それを止めるものを持っているということですよね。

大川紫央　対抗《たいこう》ワクチンを持っているということですね。

北里柴三郎　それ以外、ありえないから。

大川紫央　ありえないですよね。

北里柴三郎　ありえないですよ。一人も増えないなんてありえないですよ。

大川紫央　だから、おかしいんですよ。

北里柴三郎　まあ、嘘《うそ》を言っている可能性も高いとは思うけれども。「（感染者を）減らす」のなら、「何か（ワクチンの）研究をしていた」と言うのだろうけれども、でも、それは外には出さないでしょ？　おそらくは。

で、被害をいっぱい出して、親中色《しんちゅうしょく》を強く出したところだけ助けてやるとか、なんかそういうようなことに〝交渉《こうしょう》〟が出てくるのかもしれませんけれどもね、まあ……。

まあ、ある意味での、ちょっと、また、もう一度、〝世界の終わり〟のような状《じょう》況《きょう》は出てくる。

だから、こういう「謎《なぞ》の病気で人が死ぬ」、「経済的な大敗北」、それから、「民主主義の死滅《しめつ》」を目指していますので。

香港《ホンコン》のデモみたいなの、大嫌《だいきら》いなんでしょ？

大川紫央　そうですね。

北里柴三郎　だから、あれはできないようにしようとしているんですよ。

大川紫央　最初は〝逆〟だったんですけれどもねえ。

北里柴三郎　ああいうデモをしたら、みんな死ぬことになるので。人が出てこられないようにした。

大川紫央　では、そもそも、中国が意図的に……、〝逆利用〟し始めたところがあるということでしょうか。

北里柴三郎　そうそうそう、そうそうそう。

大川紫央　ウィルスは漏《も》れたは漏れたけれども、今度は、それを使って〝逆利用〟し始めている可能性があるということでしょうか。

北里柴三郎　その「漏れた」というところがね、「漏れた」か「漏らした」か、そのへんは微妙《びみょう》なところです。

大川紫央　宇宙人さんから言うと、おそらく、「漏らした」というところまでは行っていないかもしれません。

北里柴三郎　それはまた訊いてもらわなきゃいけないけれども、まあ、黙示録《もくしろく》的な時代がやって来る。

日本は、幸福の科学が言っているとおり、エル・カンターレ信仰《しんこう》によるウィルス撃退の免疫《めんえき》抗体をつくろうとしていますけれども、まあ、これで減らせるかどうか、ま、「試《ため》し」ですよね。

大川紫央　今、バカにしてる人たちがいますから、日本人の選択《せんたく》にかかっているんでしょうね。

北里柴三郎　そうそう。まあ、世界的救世主が出るなら。

私みたいにペストと戦うというのもあるけれどもね。でも、そのレベルではない可能性が高いねえ。これは、民主主義を潰すつもりなんじゃないかな。

3　北里柴三郎から見た「霊界《れいかい》の真実」や「経済の見通し」

人類を滅《ほろ》ぼす神は、「暗黒の神」か「正統な神」か分からない

大川紫央　北里先生は、やはり、菌《きん》を天国でも研究されているのでしょうか。

北里柴三郎　菌を天国で……（苦笑）。いやあ……（苦笑）、そういう言い方をされると、ちょっと困る……（苦笑）、困るのは困るので。

大川紫央　どういう世界にいらっしゃるのでしょうか。

北里柴三郎　うーん、まあ、研究者が多い世界ではあるんですけれどもね。

大川紫央　医療《いりょう》系ですか。

北里柴三郎　いちおう、見てはおりますけれどもね。

やっぱり、菌もいろんな使われ方をしているんですよ。それは分かってはいるし。

まあ、あなたがたがまだ突《つ》き止めていない霊界《れいかい》の真実として、こうした細菌類、ウィルス類が、どのように使われているか。

まだ、医療だって、インフルエンザの本当の原因も十分につかめていないし、エイズだって分からないし……。

それから、もう一つはですねえ、やっぱり、ＬＧＢＴが流行《はや》っている国は、キリスト教国と一致《いっち》しているんですよ。

だから、ここにこれが流行ろうとしているので。

それで言うと、まあ、キリスト教系の国から見りゃ、「ソドムとゴモラ」現象のように、「神罰《しんばつ》」が落ちたようにも見えるかもしれませんがね。

大川紫央　でも、中国が神ではありませんから。もし中国がやっているなら、神罰ではないですよね？

北里柴三郎　だけれども、そうした人類を滅《ほろ》ぼす神というのは、いわゆる「暗黒の神」と「正統な神」と、どちらなのか分からない。

大川紫央　ああ……。これは、きっと〝暗黒〟を使ってやっているところはありますよね。

北里柴三郎　そう、そう、そう。

前に恐《おそ》ろしい予言があったと思うんですが、孔子《こうし》かなんかが言っていたように、

●「中国が丸ごと天国へ行くか、丸ごと地獄《じごく》へ行くか、十四億丸ごと、どちらかに行く」みたいな言い方をしていましたけれども……。

大川紫央　はいはい、はいはい。ああ、個人で判定されるのではなく、丸ごと地獄か天国かですね。

北里柴三郎　これは、今、〝別の霊界〟をつくろうとしているような感じに見えなくもないので。

私が認識できるレベルは、もうそれから上には行かないんですけれども。

経済活動が全部止まれば、日本は〝原始時代に戻《もど》る〟可能性がある

北里柴三郎　あと、日本国民に言うとしたら……、はあ……（ため息）、まあ、何が言えるでしょうかねえ。いやあ……、厳しいですね。下手《へた》をしたら、〝原始時代

●中国が丸ごと……　『孔子、「怪力乱神」を語る』（幸福の科学出版刊）参照。

まで戻《もど》っちゃう〟から、これ。

大川紫央　ええっ!?

北里柴三郎　だから、経済活動が全部止まれば。

大川紫央　そうですねえ……。

北里柴三郎　そう。いや、貿易もできず、外国も行けず。

大川紫央　そうであれば、やはり、田舎《いなか》のほうが強くなってしまいますね。ある程度、食べていけますからね。

北里柴三郎　そうですねえ。原始生活に戻るスタイルになるかもしれません。これが、もし、インドとかにまで爆発的《ばくはつ》に広がったら、もう終わりですね。インドやアフリカまでね。

大川紫央　ああ……。インドも、中国のライバルと言えばライバルのようなところもありますからね。

北里柴三郎　うん。だから、インドにだって仕掛《しか》けたいはずですから。まあ、甘《あま》く考えないほうがいいということですね。

もし、もっと詳《くわ》しいことを知りたければ、別途《べっと》、インタビュー等は受けてもいいと思いますが、私に分かる範囲《はんい》には限界があるので。今は、その程度、恐れておいたほうがいいということです。

大川紫央　なるほど。分かりました。

北里柴三郎　日本人には「五万人ぐらい」と言っておかないとね。もうそれ以上言うと、ああ、もう……。

大川紫央　えっ？　では、それ以上の可能性もあるということですか。

北里柴三郎　五万人が死ぬ場合は、感染者《かんせんしゃ》が百万人は超《こ》えるんでしょう？

大川紫央　ああ、そうですね。

北里柴三郎　だけど、それで止まるかどうかは分からないが、今から、もう、あっちもこっちも道路を封鎖《ふうさ》して、戒厳令《かいげんれい》を敷《し》かれて、やって、まあ、もつかどうか分かりませんからねえ……。

いや、もしかしたら、（中国は）生物兵器で世界支配を考えている可能性だってありますよ。

大川紫央　分かりました。

北里柴三郎は医療《いりょう》系団の菩薩《ぼさつ》の一人

北里柴三郎　私だけでは十分ではないけれども、ほかの人もいますから、もし、必要ならお訊《き》きになったらいいですよ。

大川紫央　北里先生は、どういう世界にいらっしゃると捉《とら》えてよろしいですか。

北里柴三郎　うん。いちおう医療《いりょう》系団というのがあるので、そこの、まあ、菩薩《ぼさつ》みたいなもんですけれども。
でも、ほかにも、「パスツール」だとか、「コッホ」だとか、いろんな方はいらっしゃいますから。

大川紫央　分かりました。ありがとうございます。

北里柴三郎　はい。

大川隆法　（手を二回叩《たた》く）

「霊言現象《れいげんげんしょう》」とは、あの世の霊存在等の言葉を語り下ろす現象のことをいう。これは高度な悟《さと》りを開いた者に特有のものであり、「霊媒現象《れいばいげんしょう》」（トランス状態になって意識を失い、霊が一方的にしゃべる現象）とは異なる。外国人霊や宇宙人等の霊言の場合には、霊言現象を行う者の言語中枢《ちゅうすう》から、必要な言葉を選び出し、日本語で語ることも可能である。

なお、「霊言」は、あくまでも霊人《れいじん》の意見であり、幸福の科学グループとしての見解と矛盾《むじゅん》する内容を含《ふく》む場合がある点、付記しておきたい。

第2章　宇宙からの未来分析《ぶんせき》

――R・A・ゴールの霊言《れいげん》――

二〇二〇年三月三十日　収録

幸福の科学　特別説法堂《せっぽうどう》にて

R・A・ゴール

こぐま座アンダルシアβ《ベータ》星の宇宙人。宇宙防衛軍の司令官の一人であり、メシア（救世主）資格を持つ。

質問者

大川紫央《おおかわしお》（幸福の科学総裁補佐《ほさ》）

［役職は収録時点のもの］

1　中国が仕掛《しか》ける〝ウィルス戦争〟

中国は、治療《ちりょう》を放棄《ほうき》している可能性がある

（編集注。背景に幸福の科学の根本経典《こんぽんきょうてん》である『仏説《ぶっせつ》・正心法語《しょうしんほうご》』のCDがかかっている）

R・A・ゴール　うーん。R・A・ゴールです。

大川紫央　いつもありがとうございます。今日もお呼びしてしまって、すみません。

R・A・ゴール　いえ。呼ばれるかとは思っていました。

大川紫央　先ほど、北里柴三郎《きたさとしばさぶろう》先生に、コロナウィルスについて、地球的というか、お医者さんの観点からご意見をお聞きしたのですが（本書第一部 第1章参照）、最初のころと何か違《ちが》ってきたところはありますでしょうか。

R・A・ゴール　うーん……。（約五秒間の沈黙《ちんもく》）まあ、「中国の数字がだんだん埋《まい》没《ぼっ》していって、ほかの国が増えているところに疑問がある」というところはあるでしょうねえ。不自然ですから。中国が克服《こくふく》したかのように見えますね。

大川紫央　実際、まだワクチンも出ていません。

R・A・ゴール　おかしいですね。

大川紫央　はい。どう考えてもおかしいです。

R・A・ゴール　おかしいですね。このへんは、本当に情報操作は可能ではありますから。

まあ、そういうことは抜《ぬ》きにして、私たちの宇宙レベルの科学技術を駆使《くし》して未来分析《ぶんせき》をしますと、うーん……。（約十秒間の沈黙）うーん……。（約十秒間の沈黙）いやあ、まあ、地球レベルでも、「国家 対 国家」、あるいは「民族 対 民族」、「宗教 対 アンチ宗教」等の〝念力戦《ねんりきせん》〟が行われているようには見えますねえ。

うーん。アメリカはもうすでに、何百万人も感染《かんせん》して何十万人も死ぬところぐらいまで覚悟《かくご》していると思われますが、発信源の中国が、「もう収まりました」みたいな報告をして済ましているなら、やっぱり、それは許さないと思いますねえ。おかしい。

大川紫央　そうですね。アメリカと中国で、コロナウィルスをめぐっての戦いというか、言論戦は起こりそうですよね。

R・A・ゴール　中国のほうは、もはや医療《いりょう》関係者が治療するのを放棄《ほうき》している可能性があるので。もう何千人も死にましたから。医療関係者も、もう放棄している可能性があるため、統計が出ていないかもしれませんがね。

ただ、何とか回復しようとはしているんでしょうけれども、「どこまで情報統制ができるか」でしょうね。漏《も》れたら、確かに内部的にも反乱が起きますので。だから、難しいところなんですよ。

完全に鎮静化《ちんせい》したように言えば、政府への抗議《こうぎ》が始まる。だから、そのへんは様子を見ているんですよ。抗議が始まる……、抗議運動とかデモとかが始まるなら、「外出禁止令」を言わなければいけませんからね。

だから、非常に様子を見て、数字をいじっているようには感じられます。

アメリカ等に余力が出てくれば、中国を追及《ついきゅう》する動きが出てくる

大川紫央　コロナウィルスの原因を突き止めるためには、みんな、中国に対して目を見開いて、追及《ついきゅう》しないといけないところがありますよね。

R・A・ゴール　今のところ、まだ、「自分の国の患者《かんじゃ》をどうするか」っていうことで頭がいっぱいではありますからね。

ただ、アメリカから、「中国に向けての集団訴訟《そしょう》」とかも起き始めているから、余力が出てくれば、次第《しだい》しだいにそういうふうになってくるでしょうけどもね。

大川紫央　「アメリカ人の発想はさすがだな」というところはあります。

R・A・ゴール　日本人なんかまったく駄目《だめ》ですね。

大川紫央　（そういう発想は）絶対ないですね。

R・A・ゴール「風邪《かぜ》をうつされて損害賠償《ばいしょう》（請求《せいきゅう》）をする」とか、「インフルエンザをうつされて損害賠償（請求）をする」とかいう考えもないでしょう。

大川紫央　ないですね。

R・A・ゴール「あの人がうつした！」とか言って、訴《うった》えるなんてできないでしょう。

大川紫央　まあ、「みんなかわいそうだな」と。

R・A・ゴール　アメリカではありえるんですよ。そのくらいのことはありますので。で、中国のほうは、「うつしていない」ぐらいは言えるということですね。

大川紫央　まあ、中国も言いますでしょうね。

ウィルス兵器だった場合、ドローンで散布《さんぷ》することが可能

R・A・ゴール　あとは、そうですね、人口密度の問題もあるから、私の予想は……。

基本的に、「台湾《たいわん》と香港《ホンコン》が広がっていない」というところがすごいなとは思うので。「完全に中国からブロックしている」というあたりですよね。これはすごいなとは思いますけれども。うーん。

（約五秒間の沈黙）まあ、トランプさんも大統領選を控《ひか》えていますので、大被害《だいひがい》と大恐慌《だいきょうこう》、経済的クラッシュを起こしたままで、秋まで引き下がるとは思えません

ね。

大川紫央　ニューヨークに広がっているのは、やはり行き来がたくさんあったからでしょうか。

R・A・ゴール　（約二十秒間の沈黙）まあ、もしウィルス兵器だった場合は、ある程度、散布《さんぷ》とかは可能なので、簡単に。

今の段階だったら、習近平《しゅうきんぺい》（守護霊《しゅごれい》）が言っているように、ドローンとかぐらいで散布をしても、本当に分からないですよね。

大川紫央　総裁先生が気にされていたことがありまして、習近平氏の守護霊が霊言《れいげん》のなかで、何度も「ドローンを使ってやっただろう」というようなことを言っていたのです。

R・A・ゴール　そうそう、そうそうそう。

大川紫央　あれだけ「ドローン」と言うことは……。

R・A・ゴール　（自分たちが）考えているっていうことだ。

大川紫央　中国自体がそういう散布の仕方を考えていたのではないかということを総裁先生がおっしゃっていて、「なるほど」と思ったのです。確かに、「ドローン」という言葉が何回も出てきたんですよね。

R・A・ゴール　ドローンで今は宅配便ができるぐらいですから、ウィルスのパッケージを上空から落とせば、それは広がりますよね。人口密集地に落としても、あと、痕跡《こんせき》はほとんど残らないです。

中国は、致死率《ちしりつ》の違《ちが》う複数のウィルスを持っている可能性がある

大川紫央　北里先生は、「致死率《ちしりつ》が、中国で発生した当初のときより、イタリアなどに広がっているときのほうが高くなっているので、ここが少しおかしいのではないか。同じウィルスであれば、最初の中国でも致死率が同じぐらい高くなければいけないのに、時間を置いて高くなっている。これは、中国が途中《とちゅう》で、ウィルスが漏れたのを〝逆利用〟して、少し違《ちが》うウィルスを世界に撒《ま》いている可能性があるのではないか」というようなことを、一貫《いっかん》しておっしゃっていたのですが。

R・A・ゴール　まあ、できないことはないですね。

まあ、私たちも、上空から除染《じょせん》することは可能なんですが、除染すると、人類まで死ぬ可能性があるので、気をつけないといけない。生き物を除染してしまうと、

逝《い》ってしまう可能性があるので。

大川紫央　人間もウィルスも生命体ですからね。

R・A・ゴール　そうなんですよ。すべての生き物を除染することは可能なんですけどね。

まあ、あと、確かに感染期間が長くなりますと、抗体を持つ人の数は増えてくることはあるので。もし同じウィルスだったら、そのウィルスに対する抗体はできてはくるから。まあ、それが一定量出てくれれば、ワクチンはできなくはないですが、もし中国がウィルスを複数持っていた場合の可能性ですよね、（北里先生が）言っているのは。第一号ウィルス、第二号ウィルスが違っている場合がありえるので、その場合、致死率が違ってくるということですよね。

大川紫央　なるほど。

漏《も》れてしまったウィルスを〝逆利用〟した？

大川紫央　コロナウィルスに関しては、●いちばん最初にR・A・ゴールさんにお訊《き》きして、見方について教えていただいたと思うのですが、今の段階で、そのときから何か変わったことはありますでしょうか。それとも、最初の考え方のままで大丈《だいじょう》夫《ぶ》でしょうか。

R・A・ゴール　「知力戦」なので、本当に難しいんですけどね。

大川紫央　向こうも、敵というか、そういうものがいますからね。

●いちばん最初に……　『中国発・新型コロナウィルス感染 霊査』（幸福の科学出版刊）参照。

Ｒ・Ａ・ゴール　「知力戦」なので難しいのですが、向こうはもしかしたらウィルスで、キリスト教国、先進国を攻撃《こうげき》している可能性はあるんですけれども、同時に中国の経済的な壊滅《かいめつ》も進んでいるんですよ。中国の「世界経済征服《せいふく》計画」は、今、壊滅中なんですよ。

大川紫央　今、こういう危機に直面して、各国の能力が試《ため》されているところはあるわけですね。

Ｒ・Ａ・ゴール　そうですね。だから、うーん……。まあ、アメリカからあれだけ〝関税攻撃〟をされて、「貿易黒字を減らせ」ってやられたら、アメリカに一発パンチを打ち込《こ》みたくはなる。ただ、ミサイルを撃《う》ったら、もっとやられるから。第七艦隊《かんたい》がいますので。第七艦隊に分からない攻撃の仕方としては、〝ウィルス攻撃〟っていうのが当然ありえますよね。これだと分からないですから。

大川紫央　もしそうだったとしたら、「中国は、最初は故意的にウィルスを漏《も》らしたわけではないけれども、途中からそのことを〝逆利用〟しているかもしれない」ということでしょうか。

R・A・ゴール　「最初に、一号ウィルスとして、致死率が五パーセント以下ぐらいの薄《うす》めのウィルスを流出させて、それが広まるまでにちょっと時間があるうちに、ほかの所にも仕掛《しか》ける」ということは、可能性としてはありますよね。

それは、反撃の手段の一つとしては考えられるし、北朝鮮《きたちょうせん》だって、軍事的に追い込めばやりますよ。

大川紫央　生物兵器を使うのですか？

Ｒ・Ａ・ゴール　ミサイルだって、生物兵器だって持っていますから。そちらを先に使う可能性は、北朝鮮も十分にあると思われていたので。日本に撃ってくるのは、核《かく》兵器とは限らないので。

核兵器を使えば、報復は簡単に明確に必ず出ますけど、生物兵器の場合は分からないので、実際に。

で、生物兵器で来る場合は、北朝鮮なら日本海沖《おき》にポンコツ船の漁船が来て、そこからドローンを飛ばして本当に落とされると、まず分からないですね。夜間に落とされてもレーダーで捉《とら》えられないし、証拠《しょうこ》がないですから。だから、そういう攻撃はありえるとは予想されていたので。

中国の最終目的とは

Ｒ・Ａ・ゴール　まあ、これが明らかになるときがあるかどうかは分かりませんが、武漢《ぶかん》の研究所から出たのはほぼ間違いないが、「どこまで意図的かどうか」のところは微妙《びみょう》で。私たちは、一月の段階では、この情報は間違いなくつかんでいました。でも、実際やってみないとパンデミックまで行くかどうか分からないんですよ、現実は。彼らもね、やるほうも分からないところはあるので。どのくらい広がるかって分からないんですよ。だから、「ちょっと実験をしてみたかった」っていう気持ちはあるとは思うんですよ。

大川紫央　中国にですか？

R・A・ゴール　うん。まず、弱いものでやってみて、どのくらい広がるかをちょっと見てみたかった。だから、本当はもしかしたら、「最小であれば、武漢の人が何万人か死ぬだろう」ぐらいの計算でやっている可能性がある。（武漢市の人口は）一千百万もいるので、数千か数万ぐらいは死んでも、別に中国は何ともないところなので。そういう可能性もあるのですが。

大川紫央　そのくらいを想定して開発していたウィルスが、最初にあった可能性があるということでしょうか。

R・A・ゴール　うん。そうそう、そうそう。
ただ、最初はそんなに死者が出なかったので、「弱い」と思っていたところはあるし、日本もまだ発症率《はっしょうりつ》は低いんですけど、これは、日本に習近平が行くために、こちらにはあんまり強いのは来ないようにしていた可能性もあるとは思うんですけどね。
とにかく、おそらく最終目標は、「日米の分断」と、たぶん「アメリカ・イギリスとEUの分断」。そして、「中国は、EUの救済に入るようなスタイルを何かデザインしているのではないかなあ」と思うんですけどね。ただ、たぶん、あちらが思ったようにはならないことが出てくると思うんですよ。

原因については、今世界中で研究中で、日本以外の八割は、「これはほぼ天然ウィルスではない」という判定をしてきているので。

大川紫央　ワクチンによって抗体をつくるためには、原因を突き止めないと。

R・A・ゴール　無理です。

大川紫央　このウィルスは何かを突き止めないと、できないですよね。

R・A・ゴール　そうそう、そうそう、そうそう。みんな開発に入っていますけど、もし先行して何年も研究していたのなら、そちらのほうが情報はありますからね。いろんな実験をしているはずなので。「どの程度で死ぬか」とか、「何で殺せるか」とか研究しているはずなので、ウィルスも。まあ、もしそれを持っているなら、出さなければいけないしね。

でも、中国発のもので世界中の人を殺したあと、〝自首《じしゅ》〟して、「ウィルスに対抗するものがあります」と言って、中国が出すかというと、やはり、それは考えられないですね、今のところね。だから、誰《だれ》かが研究しないかぎり……。

2　アメリカの対中戦略

中国による意図的なものと断定したら、北京攻撃《ペキンこうげき》もありうる

R・A・ゴール　今、考えられるのは、アメリカ側が、トランプさんが、「中国による意図的なもの、欧米《おうべい》への攻撃《こうげき》である」というようなことを断定したら、「制裁を加える」ということです。そういう判断はありえると思います。証拠《しょうこ》をつかんだら、絶対そうです。

大川紫央　正直に言うと、世界のなかを見ると、日本は絶対にそういうことはできないと思います。トランプさんが明確に「これは中国発のウィルスだ」と言う構図しか、正義が打ち立てられる道はないですよね。

R・A・ゴール　（中国は）確認されないようにしているけど、（アメリカは）一生《いっしょう》懸命《けんめい》、今やっていると思うんですよ。

大川紫央　（トランプ大統領は）「中国ウィルス」とか、いろいろと言っていましたから。

R・A・ゴール　ＣＩＡとかいろんな人が動いて、「原因」というか、〝証拠つかみ〟をやっていると思うので。前のサダム・フセインのところだって、ああやって攻撃したぐらいですからね。だから、証拠を何か握《にぎ》ったら、大統領は発表しますから。

それは大統領選の前でなければいけないですよね。今、一生懸命握ろうとしています。で、ニューヨークとかに流行《はや》らせていることも、ある程度、織り込《こ》んでいるとは思いますけれども、もし、それをつかめば、「武漢《ぶかん》あるいは北京《ペキン》に対する攻撃を制裁として行う」ということを発表する……。

大川紫央　可能性がありますか？

R・A・ゴール　ありますねえ。

大川紫央　うーん。

アメリカ陰謀説《いんぼうせつ》は、中国がアメリカからの攻撃《こうげき》を防ぐため

R・A・ゴール　証拠をつかんで、「生物兵器攻撃《こうげき》を受けました」ということを確定したということであれば、それに対して、「弾道《だんどう》ミサイルを撃《う》ち込む」というようなことがあっても、中国が応戦できるかどうかは分からない。

そのために（中国は）今、「アメリカ発のウィルスかも分からない」とか、「アメリカの軍部が仕掛《しか》けたかも分からない」とか言っているわけですね。「これを防ぐために言っている」というふうに見えますね。

大川紫央　そうでないと、普通《ふつう》、あえてそういうことは言わないですよね。

R・A・ゴール　でしょう？　アメリカの攻撃を防ぐために。

大川紫央　中国がそう言った時点で、「中国が本当はやったのかな？」と思ってしまいますよね。

R・A・ゴール　だから、私たちが考えているのは、「一号ウィルス、二号ウィルス、三号ウィルスとかを持っていた可能性があるんじゃないか」ということで。それをちょっと考えているので。

で、（中国の目標は）日米同盟を切る。それから、ヨーロッパのほうに対して、「中国の傘下《さんか》に組み入れて、救済をしてやる」っていう中国の一帯一路《いったいいちろ》で、バンキング（銀行業）から、経済、貿易システムまで中国のものにしてしまう。で、「英米を孤立《こりつ》させる」というような感じで、「日本のほうも中国の属国に変え、台湾《たいわん》、香港《ホンコン》を押《お》さえ込む」というかたちですかね。台湾だって、ウィルスを撃ち込まれたら、たまったものではないですからね、本当に。

ということで、そうだと考えると、証拠をつかめば、トランプさんは攻撃（する）。私の判断が彼の考えと同じなら、大統領選までの間に、大陸間弾道弾も辞さない。もし、その前哨戦《ぜんしょうせん》があるとしたら、武漢と北京に対して、第七艦隊《かんたい》がまず通常ミサイルをぶち込む。あるいは、爆撃機《ばくげきき》が南の島から出て……、何島でしたっけねえ。ハワイではない。もうちょっと……。

大川紫央　グアムですか？

Ｒ・Ａ・ゴール　グアムですね。グアムから爆撃機で四時間ですか。「飛んで、上から攻撃する」っていうようなことはありうるでしょうね（注。現在、爆撃機を米本土まで撤退《てったい》させるという報道もある。中国の攻撃を恐《おそ》れてか、「陽動作戦」か、断定できない）。

自国に被害《ひがい》が出ると知りつつやったのなら、手口が巧妙《こうみょう》

Ｒ・Ａ・ゴール　いやあ、意外に、「サイバー攻撃」をいちばん用心していたんです。アメリカ側は、（中国は）絶対サイバー攻撃をしてくると見て、「ウィルス」ではなく「電子ウィルス」のほうで、人工衛星とか、アメリカのミサイルシステムとかが動かないようにするのをまず狙《ねら》ってくると。そちらのほうの防衛をやって、ファーウェイを押さえたり、いろいろやっていたんですよ。ところが、「生物兵器の

ほうで来たんじゃないか」と今、読んでいると思うんですよ、判断は。
だから、「アメリカの大統領ならどうするか」ですけれども、やっぱり、「発表して、北京や武漢に対して攻撃を加える」っていうことは、まずやるでしょうね。で、「そのあとはどうなるか」っていうことですけども、「核《かく》で撃ち合うか」ということになりますが、たぶん中国はそれはしたくないでしょうね。

大川紫央　中国は、アメリカがそこまで突《つ》き止めてくるとは予想しなかったのでしょうか。

R・A・ゴール　今、だから、画策《かくさく》中ですので。

大川紫央　そうか。なるほど。分かりました。

R・A・ゴール　自国からウィルスが発生して、自国民も死んでいるんですから、「被害者《ひがいしゃ》のふりができる」っていう、まあ、論理はそのとおりだと思います。知っていてやっていたのなら、これは巧妙《こうみょう》ですね。

大川紫央　ただ、もしかしたら、中国が計画していた時期ではなかった可能性もあるということですね。

R・A・ゴール　その可能性はある。

大川紫央　発生の時期が。

R・A・ゴール　その可能性はあります。

私たちは、もう一月にはつかんでいました。ただ、ちょっと、いろんなところで戦争が……、「イラン戦争」も起きる寸前のところまで来ていましたよね、一月にちょうどね。ちょうどそのころ、こちら（新型コロナウィルス感染《かんせん》）が起きていますので。

そうするとですね、北朝鮮《きたちょうせん》、中国から、あちらのイランのほうまでね、やっぱりつながっている可能性も多少あるので。

ロシアもありますけれども、多少はありますので、やっぱり、ちょっと勢力抗争《こうそう》している可能性はありますね。

まあ、結論ですけどね、これは、私ももう読んでいましたが、ある程度、広がることを読んでいましたよ。

大川紫央　最初から、「天文学的」という言葉を使っていらっしゃいましたから。

R・A・ゴール　そう、そう。読んではいましたけれども。

神を信じ、「正邪《せいじゃ》」を判断するアメリカ

R・A・ゴール　まあ、アメリカっていうところは、必ず「正義」を立てますので、間違《まちが》っているものに対しては絶対に許さない。

大川紫央　バノンさん（スティーブン・バノン米大統領元首席戦略官 兼《けん》 上級顧《こ》問《もん》）がすごくよいことを書かれていたのですが、やはり、「神という概念《がいねん》があるかどうかが、中国（共産党）と他とを分け隔《へだ》てるものである」というようなことで……。

R・A・ゴール　「唯物論《ゆいぶつろん》国家は許さない」って。

大川紫央　ええ。「中国共産党は、『神がいない』と思うからこそ、天国・地獄《じごく》とい

う死後の世界も存在せず、中国内の国民も世界の人々も救いたいと思っていない。だから、嘘《うそ》や情報隠蔽《いんぺい》を続け、危機を世界に広げている」というようなことでした。

R・A・ゴール　でも、（中国共産党の考えでは）「ウィルス」も「人間」も大して変わらないんでしょう？

大川紫央　ええ、そうなんです。

R・A・ゴール　そのようなものでしょうから。

大川紫央　やはり、そこに、神の目から見ての「正邪《せいじゃ》の価値判断」がありませんからね。

Ｒ・Ａ・ゴール　ないよね。（バノン氏は）「そういう無神論国家は潰《つぶ》すべきだ」っていう判断を出してくる。

大川紫央　そうなんです。やはり、アメリカ人はかっこいいなと思いました。

Ｒ・Ａ・ゴール　かっこいいですよ。それは認識が上なんですよ。

大川紫央　今、日本でそういうことを言っても、何か響《ひび》かないようなところがあるじゃないですか。

Ｒ・Ａ・ゴール　まあ、言うのは大川隆法ぐらいですけど。

大川紫央　そう、そうなんです。

R・A・ゴール　まだ十分に聴《き》かないんでしょう?

大川紫央　はい。でも、アメリカでは、そういう人が側近を務めていた大統領（ドナルド・トランプ氏）が、今、政治を行《おこな》っていますので。

R・A・ゴール　うん。そう、そう。

アメリカは〝中国の尻尾《しっぽ》〟をつかみに入り、見当をつけている

R・A・ゴール　そしてねえ、「文春だ」とか、「宏洋氏《ひろし》」とかが、「大川隆法は、アメリカの大統領のようになりたいと願っている」なんて書いているけど、その逆で、アメリカの大統領を大川隆法が、霊的《れいてき》にも、この世的にも指導しているんですよ。

大川紫央　そうですね。

Ｒ・Ａ・ゴール　本当は、エル・カンターレが、今、アメリカの大統領も指導している、動かしているのです。

だから、次は何かというと、「中国の戦力を削《そ》いで、中国を中進国まで落とす」という戦略が、今、始まっているんですよ。「中国を経済的に破綻《はたん》させ、軍事的に破綻させ、独裁国家を終わらせる」っていうシナリオです。

これは、あなたがたが発信しているシナリオですけどね。「香港、台湾の味方をする」っていうことはアメリカで言っているでしょう。その続きなんです、これは。だから、「北京の崩壊《ほうかい》」まで入っているけれども、安倍《あべ》さんとかは、能天気に（アメリカと中国を）両天秤《りょうてんびん》をかけてやっていますから、もう日本は相手にされていません。

大川紫央　いや、日本は、ちょっと……。

R・A・ゴール　まったく相手にされていません。

大川紫央　うーん。悲しいですね。

R・A・ゴール　日本抜《ぬ》きで、全部考えているんです。日本なんかに言ったって何の意味もない。

大川紫央　いや、もしかしたら、アメリカにとっては、本当に足枷《あしかせ》になるだけかもしれないですからね。

Ｒ・Ａ・ゴール　そう、そう。もう、「やめてくれ」って言うだけ。

大川紫央　そう、そう。

Ｒ・Ａ・ゴール　あと、北朝鮮……。あっ、韓国《かんこく》は、もう完全に、アメリカは見放しているので。

大川紫央　うーん。そうでしょうね。

Ｒ・Ａ・ゴール　もう、「存続する価値がない」という考え方、「善悪がまったく分からない」っていう見方を取っています。

だから、おそらく、次は、戦争もちょっと始まるかなあ。

大川紫央　ウィルスがなくても、どのみち、世界は戦争の危機でしたからね。

R・A・ゴール　いやあ、今、ウィルスでちょっとパニックになっているけれども、その次に、「一帯一路に入ろうか」って誘《さそ》われていた国たちは、実は、侵略《しんりゃく》を狙われていたことが、やがて分かってくるはずです。

だから、ヨーロッパの財政危機（に陥《おちい》っている国）とか、アフリカの国も買収にかかろうとしていたし、中東の油田は取る気でいたんでしょう。アメリカは排除《はいじょ》して、油田を取る気でいたので。

これは、「ウィルス攻撃で挑戦《ちょうせん》してきた」っていうことが分かったら、（アメリカは）許さないので、そうとうな攻撃をすることになるでしょうね。でもね、それは〝結果はいい〟んですよ。人は死にますが、世界にとっては〝いい方向〟に動きます。

大川紫央　そうですね。価値観を明確に間違えているものだと……。

R・A・ゴール　そう。だから、〝ナチスが拡大している〟っていうの？

大川紫央　そうですね。

R・A・ゴール　世界支配しようとしているのを絶対に止めなきゃいけないんです。だから、トランプさんは、今、「ウィンストン・チャーチル」になろうとしているんですよ。

だから、「これで弱気になったら、負けだ」と思っていると思うので、一生懸命、今、〝尻尾《しっぽ》〟をつかみに入っていますが、もう、だいたい見当はついているんですよ。

〝どっ外《ぱず》れた世界〟に生きる日本、地球の覇権《はけん》戦争に備えるアメリカ

大川紫央　でも、日本の保守系の雑誌のなかですら、「中国の女性の研究員が、コロナウィルスの開発について、論文を発表したり、講演をしたりしていた」というように書かれています。

R・A・ゴール　そう、そう。

大川紫央　それで、「そういう研究をしている人がいると分かったのは、『中国の武漢の研究所で人工的なウィルスをつくる実験を行っている』ということを内部告発した女性の研究員がいるからで、女の戦いが始まっている」というようなことも書かれていたりするんですね。

Ｒ・Ａ・ゴール　もう、日本だけが、本当に、すごく〝どっ外《ぱず》れた世界〟に生きていてね。

まだ〝明治〟なんですよ。「四方《よも》の海」といって、「もう、みんな平和に、友愛の海ができたらいいいんだ」みたいなことを言っている状態ですから。

このあとに来るものは、やっぱり、〝地球の覇権《はけん》戦争〟で、早ければ早いほどアメリカにとって有利なんです。遅《おそ》くなれば中国が有利に進めてこようとするし、次はインドが出てくると思うので。

まあ、トランプさんがインドまで行って、ちゃんとやっているから、「アメリカとインドで、ちょうど挟《はさ》み撃ちしよう」っていうことだと思いますけど。インドだったら核兵器を持っているしね。だから、いざというときには……。やっぱり、「あの時期にモディさんのところに行った」ということを見落としちゃいけないと思う。

大川紫央　確かに。

R・A・ゴール　感染が……。

大川紫央　始まっていたときでしたからね。

R・A・ゴール　もう始まっているときに、十万人を超《こ》える人が集まって、大統領を迎《むか》えているでしょう。だから、これは、中国の戦略は、もうだいたい見破っているのではないかと思われます。ですから、〝中華帝国《ちゅうかていこく》解体作戦〟が、今、これから逆襲《ぎゃくしゅう》として始まると思います。

アメリカが考える、中国への「秘密攻撃《こうげき》」

R・A・ゴール　ただ、「どういうかたちで逆襲するか」、これは見ての〝あれ〟ですが、もしかしたら、アメリカもまた、まだみんなが知らないような「秘密攻撃《こうげき》」の仕方を持っている可能性があります。あっと驚《おどろ》くような攻撃の仕方が、まだあるかもしれません。

大川紫央　そうですね。いちばん進んでいるのはアメリカですものね。

Ｒ・Ａ・ゴール　ええ。アメリカが特殊《とくしゅ》に開発しているのは、一つは地震《じしん》を人工的に起こせる兵器です。これは、もうすでに開発しているんですよ。中国ぐらいの建物だったら、地震を人工的に起こされたら、あっという間に十万人、二十万人が死にますからね。だから、一つには、すでに地震兵器を持っています。

地震兵器があるし、向こうが狙っている電子パルス攻撃をやらせないようにするための攻撃も考えるはずですので、「中国側の人工衛星や、あちらの電子決済になっているところを全部破壊する」っていうこともありえると思います。中国製の電子機器を全部破壊するっていうスタイルで、インターネット網《もう》、彼らの電子決済網等、全部を機能麻痺《まひ》させるわけです。

そうしたら、もはや、簡単に無財産状態になりますから、そういうことはありえると思います。

まあ、今、たぶん、何種類か考えていて、「こういうことをやったのなら、こちらも、予想外の攻撃をしてやろう」と思っていると思います。

北朝鮮に対しては緩《ゆる》いですけど、実はあんなものを踏《ふ》み潰すのは簡単だから、何とも思っていないんですよ。

大川紫央　大もとの……。

R・A・ゴール　中国なんですよ。

大川紫央　やっぱり、中国が変わらないかぎり、暴力団のような国はなくならないということですね。

R・A・ゴール　そう、そう。〝チンピラ〟ですから。中国が〝暴力団〟とすれば、〝チンピラ〟ですのでね。

大川紫央　考え方からすれば、北朝鮮はそうですね（苦笑）。

R・A・ゴール　だから、簡単に倒《たお》れます。中国を潰せば、あちらも潰れますので。

3　日本が取るべき道

今、起こっているのは、姿を変えた「第三次世界大戦」

R・A・ゴール　今、中国孤立《こりつ》化を……。まあ、あなたがたも包囲網《ほういもう》をつくっていたけど、アメリカもやるつもりであるので、戦略はわりに一致《いっち》しています。

大川紫央　そうですね。今年、当会としては、先ほど話されたような、中国が思っていたこととは逆の、「日本・イギリス・アメリカをつなぐ」ということをやろうとしていたんですね。

R・A・ゴール　まあ、北里《きたさと》（柴三郎《しばさぶろう》）さんにはちょっと分からない範囲《はんい》があるので（本書第一部 第1章参照）。彼が考えているのは「ウィルス」と「人が感染《かんせん》を通して死ぬこと」ぐらいでしょう。ちょっとこのへんしか分からないですけれども、こちらは政治的なこと、政治・外交も考えていますので。

やっぱり、イギリス、アメリカ、インド、オーストラリア、それから、アジア圏《けん》のフィリピンとか、インドネシアとか、マレーシアとかも味方につけていかなければいけないと思う。カナダもそうですね。

一方、中国とカナダ（の親中）もそうですが、あと、まあ、ＥＵ側の親中勢力、ドイツが中心になって親中勢力ができていますが、この親中勢力を倒《たお》さなければいけません。ＥＵの、中国資本を入れてやっているやつですね。これも倒さなければいけないので。

はっきり言って、もう昔と違《ちが》った、姿を変えた「第三次世界大戦」ですよ。「これは第三次世界大戦であった」ということが分からないうちに進行して終わってしまうかもしれない。本当に分からないかもしれない。

まあ、前回も、冷戦でね、実際にミサイルを発射することもなく、〝第三次大戦〟が本当に終わってしまったことがありますけどね。

大川紫央　確かに、そのあと、映画やいろいろな文書で、「実際の国の機密としては、こうした情報が飛び交《か》っていて戦争状態だった」とか、そういったことが分かるようなときもありますものね。

大事なことは「中国が犯人」と言い続けること

R・A・ゴール　まあ、今、中国本体が自力で民主化するなら、任せるっていうこともあるけど、「それはありえない」とだいたい判断しているので、「強制力を働かせて崩壊《ほうかい》させる」ということですね。だから、あなたがたの言っていることと一致していると思います。

それで、具体的な軍事力と経済力を使っての攻撃《こうげき》はアメリカが中心になってやりますし、日本は相変わらず、外交的な包囲網でやっていますけれども、中国に対して被災地《ひさいち》みたいな同情をしてはいけません。ここは「犯人」です。今年は、これをはっきり言い続けることが大事なことです。

人はだいぶ死ぬと思います。死ぬかもしれませんが、世界は浄化《じょうか》されます。いい方向に行きます。今、十四億人の無神論国家をつくられて、それを広げようとされていますので、断固許すわけにはいかないんです。

大川紫央　でも、やはり、「無信仰《むしんこう》」とか、「あの世や霊言《れいげん》をバカにする風潮」とかも、まだかなりありますからね。さらにそれが強くなって、「宗教は禁止」という状態にまで持っていかれると、本当に宗教は地下に追いやられますからね。

R・A・ゴール　ええ。中国の支配下に入れば、そういうことになるでしょう。

大川紫央　そうですね。

R・A・ゴール　だから、ある意味で、今回は習近平《しゅうきんぺい》の〝上陸〟を阻止《そし》したんですよ。

大川紫央　そうですね。いや、本当に、「沈黙《ちんもく》―サイレンス―」（二〇一六年のアメリカ映画。日本では二〇一七年に公開）という映画では、クリスチャンが弾圧《だんあつ》されていましたが、中国に支配された場合、信仰者として生きるのであれば、その道しかなくなるのかなと、リアルに思いますよね。

R・A・ゴール　死ぬしかないね。だから、習近平を国賓《こくひん》で呼ぶのを止めた。

大川紫央　ええ。阻止しましたね。

Ｒ・Ａ・ゴール　それから、そうですね。「天皇陛下《へいか》が若い」っていうのでなめてかかってきているし。安倍《あべ》さんの〝軽い頭〟で、中国と対等にやっているつもりでいるんだろうけれども、このへんも今、囲み取ろうとしているところなので。

でも、それをね、ガラッと……、要するに、国として、国是《こくぜ》としての価値観を、やっぱり、「聖徳太子《しょうとくたいし》の価値観」に変えたいんですよ。

大川紫央　うーん！　聖徳太子の価値観。

Ｒ・Ａ・ゴール　私たちの考えはね、聖徳太子の時代が現代に起きるような時代に変えたいんです。だから、幸福実現党の十年の敗戦は無駄《むだ》にはしない。

大川紫央　おお……。

R・A・ゴール　ええ。しないつもりです。これは、価値観が変われば全然違うので。「〝親中ウィルス〟は絶滅《ぜつめつ》させる」っていうことですね。でも、まもなく暴《あば》けると思いますので。「中国が犯人だ」っていうことは暴けると思いますので。

大川紫央　いや、本当に、何よりも、その原因を解明しないといけないですものね。

R・A・ゴール　そうです。

大川紫央　解明していただきたいです。

R・A・ゴール　幸福の科学は、そういう武器を使って戦うこととかはできないですし、経済力といっても、そんなに経済力自体を動かせるわけではありません。基本的に「言論」と「行動」しかありませんので、やっぱり、「中国発のウィルスであって、中国の世界侵略《しんりゃく》攻撃なのだ」と言うことですね。（一方、中国は）〝救済〟と称《しょう》して、「国を取りに入ろうとしている」っていうことですね。実は〝救済〟と称して、「ほかの国を取りに入ろうとしている」っていうことなのだと思うので。

これを跳《は》ね返すのは、確かに、医療《いりょう》技術が高いことでも跳ね返せますけれども、もう一つは、やっぱり、「価値観が対立する」ということが大事ですよね。

「アジアから無神論勢力を一掃《いっそう》する」「日本国としての自立が必要」

R・A・ゴール　それで、私たちの狙《ねら》いは、やっぱり、チベットやウイグルや内モンゴル、それから、香港《ホンコン》、台湾《たいわん》等を解放することです。ネパールなんかは、また毛《もう》沢東《たくとう》派に取られているけれども、これも解放して、アジアから無神論勢力を一掃《いっそう》すること。

それと、やっぱり、「ロシアを民主主義、自由主義の国に戻《もど》らせる」っていうこと、ここまで考えてはいるので。まあ、ロシアは敵にはしないで味方に引き込《こ》む。オーストラリアも引き込まなければいけない。

そして、日本は、経済的には、弱くなるのではなく、もう一段強くなる方向を目指すべきです。なんかお人好《ひとよ》しに、いろんなところに〝ばら撒《ま》いている〟部分、国内産業を空洞《くうどう》化させて他の国を強くした部分を、やっぱり、「国力増強」のほうに持ってこなければいけない状況《じょうきょう》に、今、持ってこようとしているんです。

大川紫央　確かにいずれにしても、やはり、日本国としての自立は……。

R・A・ゴール　必要です。

大川紫央　ということですよね？

R・A・ゴール　そうです。

大川紫央　幸福実現党は、立党以来、言い続けていますけれども、経済面でもそうしなければいけないということですよね。

R・A・ゴール　そうですし、エネルギーの独立ですかねえ、自立ですかねえ。何て言うか……、自給率さえ危ない。

大川紫央　原子力も危なくなっていますから。

R・A・ゴール　ねえ？

大川紫央　より海外依存《いぞん》型になっていますからね。

R・A・ゴール　もう、（エネルギーも）ないですよね。それはねえ、駄目ですよ。だから、やっぱり、そんなものをね、完全自給するほうに、もう行かないと。中国大陸のようなところで発電した電力をもらうとか、ゴビ砂漠《さばく》の発電をもらうとか、そんなの、全然駄目、絶対に駄目ですので。

大川紫央　その時点で〝人質《ひとじち》〟になりますものね。

R・A・ゴール　もう取られますので。海底ケーブルから送ってもらうなんて、そんなの、とんでもないことですよ。

二〇五〇年までをマクロで見たら、「今が勝負どき」

R・A・ゴール　これは、もう二〇五〇年までをマクロで見たら、今は、そろそろ勝負どきなんです。時間をあげれば、もう「負け」になりますので。中国の軍門に降《くだ》ることになるので。二〇二五年以降、中国はアメリカを抜《ぬ》くぐらいのつもりでいましたから、その前に勝負が始まると思います。

まあ、被害とか、いろんなものが出るとは思います。ただ、二〇二〇年から二〇三〇年の間に、世界はあなたがたが言っている方向に動いていきますから。その称賛があなたがたに直接返るかどうかは知りませんけれども。もしかしたら、それは、あとから来るものかもしれませんが、やっぱり、「世界中で幸福の科学の教えを広げる」ということは、徹底《てってい》して頑張《がんば》らなければいけないですね。

大川紫央　やり続けることが必要だということですね。

R・A・ゴール　大事ですね。ウィルスなんかで、そんなね、騙《だま》されないように。〝攪乱《かくらん》戦略〟なんです。〝世界大攪乱〟に入っているので。本当に、これはどう見ても、向こうも世界戦略を持っていますから。だから、何とかして、世界を取り戻さなければいけないと思いますね。

難しい仕事です。これは〝知能合戦〟でもあるので。

4　トランプ再選を潰《つぶ》すのが狙《ねら》い

習近平《しゅうきんぺい》を〝神〟に仕立てようとしている中国

R・A・ゴール　上手にねえ、まずは「天然ウィルス」だと思わせようとしていると思うけれども、その次は「事故だ」と言い張るでしょうから。事故。あるいは、「米軍の攻撃《こうげき》によってやられた」とか「米軍のウィルス兵器だ」とか、まあ、いろんなことを言うんでしょうけれども、それはみんな、自分らが〝したい〟ことです。

ここのところの戦いはあると思うけど、トランプさんは、判断すればやると思うので。今なら中国と戦っても勝てる、まだ勝てるから。

オバマさんみたいな大統領が続いたら、もう負けてしまいますから。

大川紫央　そうだったら、今は暗黒の世界でしょうね。

R・A・ゴール　もう完全にやられてしまいますよ。

大川紫央　完全にやられるでしょうね。

R・A・ゴール　うん、完全にやられる。

大川紫央　特に、こういうマター（案件）は弱いでしょうね。

R・A・ゴール　うん、弱いです。とっても弱いです。

大川紫央　人命がかかわっている病気とかですと、原因探究が遅《おく》れればそれだけ被《ひ》害《がい》が増えますからね。

Ｒ・Ａ・ゴール　大変なんで。「民主党にはやっぱり渡《わた》せない」という強い意志だと思う。

「これは、自分がいる間に勝たなきゃいけない」と思っていると思うので。

向こうは今、このウィルスをアメリカに流行《はや》らせて、景気を悪くし、ウォール街《がい》の大暴落を起こさせて、トランプさんで上げた株価を下げ、さらに、経済成長率を落とし、失業率を上げて、トランプの再選を潰《つぶ》そうとしているので。

大川紫央　なるほど。

Ｒ・Ａ・ゴール　中国のいちばんの狙《ねら》いは、「トランプ再選を潰すこと」なんで。

これは間違《まちが》いなく狙っています。この時期は絶対に狙っている。これだけやって、トランプの人気が下がると思ってやっている。

中国はもう、習近平《しゅうきんぺい》を〝神〟にしてしまって、ねえ？　習近平が武漢《ぶかん》に入ったら、ピタリと感染者《かんせんしゃ》は一人も出なくなった。こんな国ですからね、ええ。〝神〟にしようとしているんですよ。だから、崇拝《すうはい》させて。

それから、ウイグルの人とかがウィルスの〝あれ〟を見たら、「おまえらを殺すのは簡単だぞ」と言われているのと一緒《いっしょ》ですよ。たぶんそう思っていると思う。チベットも一緒ですよ。「反乱なんかしたら、こうなるぞ」というのが見えている。

大川紫央　分かりました。

R・A・ゴール　だいたい、世界戦略はそんなところです。

新型コロナウィルス問題が「十二月八日」に始まった意味

R・A・ゴール　まあ、どのくらい人が死ぬかまでは、私はまだ言えませんが、「天文学的」という言葉を出しましたけれども、そうとう大きなところまで行くのは確実だと思います。これにまた違う戦争が加わる可能性が、極《きわ》めて高い。

それは、大統領選の前になければおかしいから。そういう意味では、今年の前半戦はきつい。とてもきついです。

大川紫央　一般《いっぱん》ピープル、一般市民としては、最初から教えてくださっているように、やはり「信仰《しんこう》ワクチン」で……。

R・A・ゴール　戦えます。

だから、致死率《ちしりつ》がね、せいぜいまだ一割程度しか行っていない。もうちょっと上がる可能性がありますけれども、軽症《けいしょう》のものはインフルエンザを治すのと同じなんでね。

だけど、体力が弱った人たちは助からないですけどね。老人とか障害者が死んでいくというのは、これはナチスがやりそうなことですのでね。

大川紫央　本当ですね。

R・A・ゴール　中国もそれで悩《なや》んでいるので。高齢《こうれい》化しているので、将来的にはこのへんを殺したい気持ちは持っています。でも、それは間違っているね。日本も「生涯現役《しょうがいげんえき》」をつくらなければいけません。

まあ、（中国は）そのへんまで入っていると思う。たぶん、国内問題まで入っていると思いますので。国内なら、弱いウィルスで高齢者と障害者を殺せばいいんです。ただ、国外だったら、もうちょっと強いウィルスで、元気な人たちや子供や赤ちゃんを殺すことも考えなきゃいけない。

大川紫央　最初、習近平さんの守護霊《しゅごれい》も、いちおう動揺《どうよう》はしていたじゃないですか。そういう、「ウィルスを使っての世界侵略《しんりゃく》の計画も考えていたけれども、自分たちが計画した時期とはちょっと〝違うかたち〟で発生してしまった」という理解でよろしいんですかね。そう考えると、最初のあの霊言《れいげん》から、全部つながります。

Ｒ・Ａ・ゴール　そうなんです。だから、日米開戦と同じときに起きたんです。降《ご》魔成道《まじょうどう》の……。

大川紫央　十二月八日ですね。

Ｒ・Ａ・ゴール　十二月八日をもって決行されていますね、これは。

大川紫央　なるほど。ジョン・レノンも十二月八日に亡《な》くなっているんですよ。十二月八日って、あれですねえ。

R・A・ゴール　これは十二月八日に、なぜかウィルスが漏《も》れたんです。

大川紫央　分かりました。これ以上は……。

R・A・ゴール　言わないほうがいいかな。

大川紫央　はい。

R・A・ゴール　まあ、われわれは逮捕《たいほ》できませんので（笑）、言っておきますが。

「神を信じぬ者」から武器を取り上げよ

大川紫央　いやあ、いつの時代もそういういろいろな天意もあり、地上の人たちのいろいろな思いもあり、いろいろなことが起こっていると。

R・A・ゴール　うん、でもね、遅らせてもね、（中国はアメリカの）大統領選前には起こすつもりでいたので。

大川紫央　なるほど。大統領選を潰したいですからね。

R・A・ゴール　だから、時間を与《あた》えれば、もっと大規模にやる気持ちがあったと思います。

大川紫央　ああ、そういうことなんですね。

R・A・ゴール　まあ、国内で出したのは、そこまで考えてやったか、あるいはもしかして漏れてしまったか、ちょっと分かりませんけれども。でも、実際に効くかどうかを実験しなきゃいけなかったことは事実でしょうね。

大川紫央　まあ、そうですね。

R・A・ゴール　実験してみないと、本当にニューヨークで効くか、欧州《おうしゅう》で効くか、分からないじゃないですか。どこかでは使ってみたいけど、今、その自治区であんまり使うと、ちょっと顰蹙《ひんしゅく》を買うから。最終的には「事故」だと思えるところではあるね。

だから、どこかで実験する気はあったのかもしれませんけどね。ただ、まあ、意外に早く知られてしまったということですね。

日本はねえ、医療《いりょう》は進んではいるし、衛生環境《かんきょう》がだいぶいいので、世界の蔓延《まんえん》に比べれば、やはり、すごく少ないところで収まるとは思いますよ。うん、おそらく。

ただ、経済的な問題？　まあ、不況《ふきょう》問題とか、安倍《あべ》さんの政策は残念ながらガタガタに崩《くず》れてくるでしょうから、これについては、幸福実現党があと頑張《がんば》ってやるしかないですね。

大川紫央　やはり、意見を発信すること自体でも、その言葉が耳に入った人たちは、いちおう、そういう考え方も持てますからね。

R・A・ゴール　とにかく、「神を信じる政治」をつくることが大事です。それがあなたがたの使命なんで。

大川紫央　はい。やはり、武器を持つにも、神を信じていない人が武器を持ったら、それは怖《こわ》いですよね。

R・A・ゴール　駄目《だめ》、駄目です。取り上げなきゃいけない。まあ、そういうようなことが起きると見ています。

5　「人類の生き筋《すじ》」を示す戦いのとき

日本は〝戦後〟をやめて、国家の使命を果たすべきとき

R・A・ゴール　アメリカがどういうかたちで反撃《はんげき》するかは、いやあ、ちょっと見物《みもの》ですが、ほとんどはもう読み解いているのではないかと思います。

日本は、「感染者《かんせんしゃ》数が何人になりました」とか「夜間は外出しないでください」とか、こんなことばっかりですが。この前も、ミサイルが飛んでも、サイレンが鳴って、「シェルターにお隠《かく》れください」とか、こんなことでしたが、この国は。こういう国であっては駄目《だめ》なんですよ。

大川紫央　でも、ある意味、洗脳された国家というか、「洗脳国家・日本」という

……。

R・A・ゴール　そうです。〝戦後〟をやめるべきなんです。

大川紫央　そうですね。

R・A・ゴール　〝戦後〟をやめなきゃいけない。〝戦後〟をやめなきゃいけないんです。

だから、日本の使命としてはね、アメリカが中国本体を解体するところまでやるなら、やっぱり、「朝鮮《ちょうせん》半島ぐらい、日本がコントロール下に置け」というのが、トランプさんの考えだと思います。

「そのくらい、日本がやるべきだ」と思っていると思います。「そのくらいやれよ」というところですね。「拉致被害者《らちひがいしゃ》を返してください」とか言っているというのも、もう笑い話でしょう。
それは、まあ、彼らから見たら、政治的指導者ではないでしょうね。

「光の神 対 闇《やみ》の神」の戦いに負けるわけにはいかない

大川紫央　今までも、「共産主義」と「自由主義」とか、第二次世界大戦も政治思想の戦いという面も大きい。やはり、政治にも思想が要《い》るということですよね。

R・A・ゴール　トランプさんも〝チャーチル〟になろうとしているけれども、こっちはこっちで、〝モーセ〟をやらなきゃいけないぐらいの感じですね。日本海を真っ二つに割っていくぐらいいかないと駄目ですね。

とにかく、「間違《まちが》った思想を潰《つぶ》す」、「日本を立て直す」、これが幸福実現党を立てた意味なんで。マスコミは嘲笑《ちょうしょう》しているんだろうけれども、そのマスコミもガタガタにしますから。この不況《ふきょう》が必要なんですよ。ないと潰せないんで。

大川紫央　うーん。まあ、やはり現状のままだと、価値観が転換《てんかん》することはちょっとないでしょうね。

R・A・ゴール　左翼《さよく》で飯《めし》を食っている者たちが、食えないようにするということが大事なことです。

まあ、いろんなことが起きますが、やはり、大川隆法は優《すぐ》れた指導者ですから、必ず「人類の生き筋《すじ》」を示すようになります。それを世界の人たちは信じるようになります。

大川紫央　習近平《しゅうきんぺい》も〝神〟になりたいようですけれども、本当の神であられる総裁先生は、心を謙虚《けんきょ》にして、いつも天上界《てんじょうかい》の意向等、声を聴《き》かれていますので、習近平とはスタイルが全然違うんですよ。

R・A・ゴール　それは、「オーラ・マズダ対アーリマン」の戦いですので。

大川紫央　本当にそうですね。

R・A・ゴール　「光の神対闇《やみ》の神」の戦いなんで。闇の神ですよ、はっきり言って。だから、潰さなきゃいけないんです、これは。負けるわけにはいかないんです。

ここを負けると、あっちのほうから、宇宙のなかの「闇の部分」が地球にいっぱい入ってくるから。絶対、入《い》れない。私たちは入れない。

大川紫央　なるほど。

荒業《あらわざ》を使ってでも、ウイグルや香港《ホンコン》を必ず解放する

R・A・ゴール　今、アメリカがやると思いますけど、アメリカがやらなかったり、あるいはやり足りなかったら、私たちが協力します。私たちが〝謎《なぞ》のいろんなこと〟を起こします。

大川紫央　本当に申し訳ないです。

R・A・ゴール　今回は、向こうが核《かく》ミサイルを発射する前に爆発《ばくはつ》したようなものでしょうかね。まあ、そんなようなものですよね。戦略意図がバレてしまったという。

大川紫央　はい。だから、自分たちのなかでも、多少の動揺《どうよう》はしたということです

よね。

R・A・ゴール　そうですね。まだまだ、もうちょっと、何カ月か後ぐらいに……。

大川紫央　やるつもりだったと。

R・A・ゴール　日本に行ってねえ、日本に国賓《こくひん》で行って、日本を抱《だ》き込《こ》んで、戦略的友好関係をつくっておいて、日米安保《あんぽ》を切るというのが向こうの基本戦略だったんで。

大川紫央　ああ、なるほど。

R・A・ゴール　「中国とつながっているほうが有利だ」という感じ？　これでア

ジアを全部押《お》さえて、ヨーロッパまで押さえて、アフリカまで押さえるつもりでいたんですから。いやあ、これ、壊《こわ》さなきゃいけないんで、すごく大きな力が要ります。

ただ、カナダで言われたような、「ウイグル人を助けてください。香港《ホンコン》を助けてください」っていう声には、きっと応《こた》えることができます。必ず解放させます。解放するには、このくらいの荒業《あらわざ》を使わないと無理ですので。もうすぐいろんなことが始まるので、心強くあってください。

大川紫央　はい。

R・A・ゴール　はい。中国語の勉強も大事ですが、やはり、英語が支配言語になるように努力します。

●カナダで……　2019年10月6日〔日本時間10月7日〕、カナダ・トロントにて“The Reason We Are Here”と題し、英語による講演と質疑応答が行われた。その参加者であるカナダ在住の香港やウイグル解放の活動家からの質問や要望に、後日、大川隆法総裁が答えている。『いま求められる世界正義』(幸福の科学出版刊)所収。

大川紫央　分かりました。

R・A・ゴール　日本語もね。

大川紫央　はい。

R・A・ゴール　日本語ももっとアジアで通じるようにしたいし、日本国が潰れないように、もっと大きな力を持つようにしていきたいと思っています。

こういう時期だからこそ、人々を「不安」や「恐怖《きょうふ》」から救う熱心な活動を

R・A・ゴール　あとは、大川隆法の声を通じて、天上界のいろんな声がこれから流れ出てきますので。

その前哨《ぜんしょう》戦でね、ああいうマスコミとかからいろいろな揺《ゆ》さぶりが来ているし、

アーリマンの手先としての悪魔《あくま》が、宏洋《ひろし》氏とかを使ってやっているんだと思いますけど。いやいや、だからこそ、あなたがたには仕事があるんです。負けてはなりません。

大川紫央　はい。

R・A・ゴール　政治家の上を行かなきゃいけない。

大川紫央　いや、本当に、はい。

R・A・ゴール　この国において考え方を決める人、この人が、この国の最高指導者なんですから。

まあ、「桜を見る会」で、国会で嘘《うそ》をつき通すのだけで時間を費《つい》やしているような人じゃあ、判断は無理ですよ。「判断はこちらでする」ということですね。

私たちも、協力は惜《お》しみません。最終的には防衛しますから。大丈夫《だいじょうぶ》です。

大川紫央　やはり、私たち地上の者もみな、神様からの思想を広められるように頑《がん》張《ば》ります。

R・A・ゴール　国内は、政治家等はもうトーンダウンして、「みんな、静かにしてろ、おとなしくしてろ」とばかり言うと思いますが、こういう時期だからこそ、幸福の科学は熱心に活動しなければいけないと、私は思いますよ。熱心に献本《けんぽん》をし、熱心に勧誘《かんゆう》し、熱心に支部や拠点《きょてん》、その他で活動し、海外は海外で独自にどんどん広げていくということをやらなければいけませんね。怯《ひる》んではならないと思いますよ。

大川紫央　街の人たちも、たぶん、心が暗くなっていって、不安感や恐怖心《きょうふしん》をけっこう持っていらっしゃるとは思いますので。

R・A・ゴール　戦後の〝飼いならされた〟延長上での、まあ、そういうことですからね。いやあ、「国体」が大きく変わるときが近づいていると思います。

大川紫央　本当に、本日はありがとうございました。

R・A・ゴール　はい。

第二部　R・A・ゴールのメッセージ

〈第二部所収の霊言の説明〉

本書第一部所収のR・A・ゴールからのメッセージ（二〇二〇年三月三十日）に先立つ三月十七日、十八日、二十五日に受けていた三つのメッセージを第二部として収録します。

第1章　親中思想への警告

―― R・A・ゴールの霊言《れいげん》――

二〇二〇年三月十七日　収録

幸福の科学　特別説法堂《せっぽうどう》にて

〈霊言《れいげん》収録時の状況《じょうきょう》〉

本霊言は、三月十二日にＷＨＯが「新型コロナウィルスのパンデミック（世界的大流行）」を宣言した後《のち》、三月二十四日に東京五輪の延期が決定される前の段階の三月十七日に収録されたものです。

質問者

大川紫央《おおかわしお》（幸福の科学総裁補佐《ほさ》）

［役職は収録時点のもの］

1　根本的に失われていくことになる「中国型の発展」

新型コロナウィルスの発症者数《はっしょうしゃ》を調整し始めている中国

大川隆法　（歌うように）Ｒ・Ａ・ゴール、Ｒ・Ａ・ゴール、Ｒ・Ａ・ゴール、Ｒ・Ａ・ゴール……。

（編集注。背景に幸福の科学の根本経典《こんぽんきょうてん》である『仏説《ぶっせつ》・正心法語《しょうしんほうご》』のＣＤがかかっている）

（約十秒間の沈黙《ちんもく》）

Ｒ・Ａ・ゴール　Ｒ・Ａ・ゴールです。

大川紫央　いつもありがとうございます。

R・A・ゴール　うん。

大川紫央　●唯物論者《ゆいぶつろんしゃ》たちの一部マスコミが、新型コロナウィルスのことで幸福の科学をバカにしています。

R・A・ゴール　どうすることもできないんでしょ？

大川紫央　はい。

R・A・ゴール　うん。まあ、人はそれぞれ信じるものが違《ちが》ってよろしいんじゃないですか。

●唯物論者たちの……　収録当時、宗教ライターが『中国発・新型コロナウィルス感染 霊査』（前掲）の趣旨を唯物的な視点でねじ曲げた記事を週刊誌上に掲載し、幸福の科学に対して事実無根の誹謗《ひぼう》を行った。

大川紫央　何か一転語《いってんご》はございますでしょうか。

R・A・ゴール　うーん……。まあ、中国はどこかのせいにしたくてしょうがないところだからねえ。ハッハッハッハッハッハッハッハッ（笑）。

大川紫央　（苦笑）本当にすごいですよね。

R・A・ゴール　宗教でも、集会があるところで（新型コロナウィルスが）流行《はや》ったりすると、「宗教が悪い」とか、また言いかねないというようなところもあるのかもしれないね。それか、「アメリカが仕掛《しか》けた」とかねえ、言いたい放題だね。

でも、本当は、中国への投資が引き揚《あ》げられていったり、中国の海外への進出、活動が妨《さまた》げられたりするのを怖《こわ》がっているわけで。

中国は、もう、この発症者《はっしょうしゃ》の数字を調整し始めて、少なくしているので。医者のキャパを超《こ》えたものについては、もう見ないことにしているから、数字はそんなに増えない。要するに、「ピークを過ぎた」ということにして、やらせているわけなので。

大川紫央　●習近平《しゅうきんぺい》さんの守護霊《しゅごれい》が言っていましたからね。「『ピークを通り越《こ》した』とさえ言えば、あとは復活するはずだ」と。

R・A・ゴール　そう。復活し始めて、みんなにぎやかに出かけ始めて、行事を再開して、バカ食いをし始めたりしているんで。

大川紫央　しかも、「アメリカの軍がウィルスを持ってきたかもしれない」とか……。

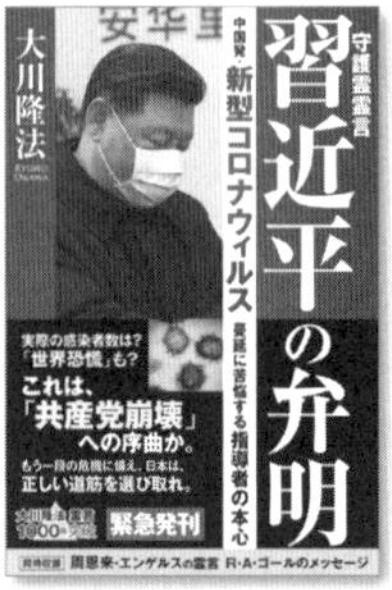

●習近平さんの守護霊が……　『守護霊霊言　習近平の弁明』（幸福の科学出版刊）参照。

Ｒ・Ａ・ゴール　米軍による攻撃《こうげき》だったら、「もう、それは終わったから」っていうことで済むからね。

大川紫央　すごく最低な物言いですけれどもね。

Ｒ・Ａ・ゴール　その結果がどうなるか、言いましょうか？

大川紫央　はい。

Ｒ・Ａ・ゴール　「北京《ペキン》市内に、もっといっぱい広がる」ということですよ。

大川紫央　感染《かんせん》してしまうということですね。

R・A・ゴール　ええ。「北京市内にいっぱいうつるようになる」でしょうね。おそらくね。

「経済的ダメージ」や「バッタの大群の動き」の今後の見通し

R・A・ゴール　これはね、本当に天意なんで。天意として、今、「これ以上広げてはならないもの」を食い止めようとしているので。「中国ウィルス」が世界中に蔓延《まんえん》するのを拒否《きょひ》している。鎖国《さこく》しているんで。これは知ったほうがいいと思う。

さらに、次は、「中国発の恐慌《きょうこう》が世界を覆《おお》おうとしている」ので、この二つに耐《た》えなきゃいけない。

それから、もう一つは、東アフリカ発のバッタの大群が、空を飛んで砂漠《さばく》を越える数千億匹《ひき》以上のバッタ群が、今、パキスタンから中国に向かって接近中で。

これはちょうど、もうすぐだな、中国の麦のころに。「麦の秋」っていうのは、だいたい五月ぐらいなんですけどね。五月から六月ぐらいね、その収穫期《しゅうかくき》に襲《おそ》うことに、たぶんなるだろう。

まあ、それも、「どこかの〝昆虫《こんちゅう》兵器〟だ」とか言うかもしれないけれどもね(笑)。

まあねえ、私たちと天意がどういう関係にあるかは、それは、説明するのは難しいことだけれども、「地球生まれの人」だけが地球の神ではないので。「宇宙から子《し》孫《そん》を地球に降ろした者たち」は責任があるので、地球の文明の推移をずっと見守っているんですよ。そういうウオッチャーたち、見守るつもりでウオッチャーをしている者たちも、「異星人」ではあるけれども、やはり、過去、歴史のなかでは、「神々」として認められていた存在ではあるんです。

中国発のものは、ちょっと、悪い宇宙人からの侵入《しんにゅう》があると思うので、私たちは今、〝ブロックをつくっている〟ということですね。

まあ、アメリカとかヨーロッパにも広がってきたんでね。パニック状態になって、「パンデミック」とか言っているけれども、そうした映画もつくりすぎたのでね、ずいぶん恐怖《きょうふ》におののいてね。「ニューヨークに人が一人になる」とか、そんな映画もつくっているからね。そういうことを恐《おそ》れてはいるんだろうとは思うがね。

まあ、経済的ダメージはかなり深いものにはなるだろう。下手《へた》すれば、二十パーセントから三十パーセントまで落ち込《こ》むぐらいになるから、不況《ふきょう》にはなるかもしれませんけれども、もう一度考え直すチャンスは現れてくるだろうねえ。

だから、「中国型の発展」っていうのが、根本的に失われていくことになるね。外国で稼《かせ》ぐよりも、食糧難《しょくりょうなん》で苦しむ時代が、彼らにも来るだろうね、おそらくね。

まあ、日本も問題なんだけれども。日本も〝親中ウィルス〟、〝中国ウェルカム〟でいっぱい入れすぎていた部分のところを、今、少し締《し》め出しにかかっているので。これが、彼らの「占領《せんりょう》政策」と一体化のものなんでね。それを今、「減らそう」としているので。改善しているわけですよ。

まあ、そうですね、日本は、だから、中国がなくてもやっていける経済をつくっていくことが大事だと思うし、軍事的にも、そうした〝独立感〟は必要ではありましょうね。

あと、世界的に見れば、やっぱり、まだ、アフリカや、それから中東のあたりは、〝戦争の匂《にお》い〟がいっぱいありますので、そうしたものに対しては、もう一度、天からの警告を感じさせる必要はあるなというふうには思っております。

まあ、イタリアにもかなり〝厳しい結果〟が出てきてはいますけれども、やっぱり、このバチカン発のキリスト教、現代キリスト教の問題が、少しテーマにはなってきているということもあるだろうね。

韓国《かんこく》であがっているのはみんな、キリスト教系の間違った宗教ですからね。だから、「唯物論のほうが有利だ」と言いたい人もいるんだろうけどね。

全部、唯物論だから。「手を洗いましょう」「マスクをかけましょう」「うがいをしましょう」、それから、「人がいるところに行かないようにしましょう」。みんな唯物論だけどね。

2　世界は今、何かに気づかなければならない

疫病《えきびょう》が流行《はや》るとき、宗教が祈《いの》りを行うのは当然のこと

大川紫央　疫病《えきびょう》などがいろいろと流行《はや》っているときに、宗教が人を救う手段として、何もしないということのほうがおかしいですから。

R・A・ゴール　それは、祈《いの》りをしたり祈禱《きとう》したり、念力《ねんりき》を使います。

大川紫央　祈ります。祈禱します。それは当然することです。

R・A・ゴール　はい、当然ですよ。効きますので。

大川紫央　ただ、現代の日本人は、歴史の勉強量もかなり減っていますし、そういうことすら分からなくなってきているようです。

R・A・ゴール　だから、宏洋《ひろし》氏が、「『正心法語《しょうしんほうご》』と障害者手帳でめんこをして何が悪い」っていうのは、「罰《ばち》」ということも分からなくなっているということだから。少し「罰」をね。やっぱり、世界の宗教をかすかでも知っている者たちに、「罰」ということを知ってほしいし。まあ、『旧約聖書《きゅうやくせいしょ》』に書かれていた「出《しゅつ》エジプト」等でも起きたことだけれども、そういうのはいろんな宗教にはみんなあるんですよ。

うーん、だから、「禊祓《みそぎはら》い」が必要な時期が、今、来ているし、「改心」のときが来ているんで。ええ。「救世主」が必要になるときが来ているので。恐《おそ》れずにやったほうが、私はいいと思いますけどね、信念を持ってね。

日本のほうは、幸福の科学が頑張《がんば》っているので、そんなに大きなところまでは広がりはしないとは思っておりますが、しかし、現政権に対しては、一定の「天罰《てんばつ》」は、やっぱり、なければいけないとは思っています。

大川紫央　マスコミも含《ふく》め、みんな、まだ全然分かってはいない……。

R・A・ゴール　そうそう。やっぱり、よくない。よろしくないですね。だから、幸福実現党を無視して、「宗教は悪だ」と言ってきたもの、そうした「マスコミ」、「教育」、「政治」のあり方について無力感が漂《ただよ》うっていうのは、これは一つの計算上のことではあるんでね。

みんなで手洗い、うがいだけしたらいいんだったら……。まあ、私の考えはね、インフルエンザが流行ったときと同じぐらいの注意をすれば十分だというふうに思っておりますよ。それ以上は行かないだろうけれども（収録時点）。

ただ、オリンピックとかは、もう目前ですのでね。観客ゼロのオリンピックなんていうのは（笑）、前代未聞《ぜんだいみもん》でありましょうから、歴史に汚点《おてん》は残るかもしれませんね。やる、やらない、どっちにしてもね。

世界は、何かに今、気づかなきゃいけないときが来ているんだということだと思います。

大川紫央　気づくでしょうか。

Ｒ・Ａ・ゴール　いや、やっぱり、「救世主が出ている」ということは……、そういう悪口も言いながら、「救世主が出ている」ということは知られていかねばならないと思ってます。

大川紫央　あの人たちは気づくのでしょうか。

●やる、やらない……　本霊言から１週間後の2020年３月24日、国際オリンピック委員会は、新型コロナウィルスの感染拡大を受け、東京オリンピック・パラリンピックの延期を承認。同年３月30日、大会組織委員会は、開催日程を来年2021年７月23日から８月８日とすることなどを発表した（収録時点）。

R・A・ゴール　まあ、あの世に行って気づいてもいいしね。

大川紫央　遅《おそ》いですね。あの世に行って気づくとなると、あと数十年かはあります。

「週刊誌もYouTube《ユーチューブ》も〝ヴィルス〟」

R・A・ゴール　週刊誌だって〝ウィルス〟なんですから。

大川紫央　私は本当に洗脳だと思うんですよ。宗教に対する「偏見《へんけん》」と「差別」です。

R・A・ゴール　うん。

大川紫央　宗教に対して、「洗脳、洗脳」と言ってくる筋合《すじあ》いはなくて、マスコミもインターネットも、みんな洗脳していますよ。

Ｒ・Ａ・ゴール　うん、インターネット、YouTube《ユーチューブ》、全部〝ウィルス〟ですよ。

大川紫央　十分に「裏付け」もない嘘《うそ》の情報で。

Ｒ・Ａ・ゴール　〝ウィルス〟ですよ。〝ウィルス〟を広げまくっているんでしょ？

大川紫央　はい。

Ｒ・Ａ・ゴール　だから、ウィルスそっくりじゃないですか、YouTubeなんて。悪い情報をいっぱい拡散して、拡散して。あれは〝ウィルス〟ですよ、本当ね。

大川紫央　本当に〝ウィルス〟だと思います。

R・A・ゴール　〝ウィルス社会〟なんですよ、今。だから、こういうのが流行ってるんで。

〝ウィルス社会〟を根絶したかったら、「嘘をつかない」、「人の悪口を言わない」、そして、「神仏の悪口は言わない」、「信仰《しんこう》深い人たちを傷つけない」。

大川紫央　本当にそうですね。

R・A・ゴール　こういうことが大事であると思うし、教育の根本《こんぽん》でもなければいけないと思っていますね。

それから、学校を閉鎖《へいさ》しても特に問題がないんだったら、「教育は何のためにやっているのか」っていう感じもしないでもないですね。
だから、政権の思考の底の浅さも、やっぱり、感じますね、すごくね。

大川紫央　そういうことを言っていると、また、こちらが悪いということを言ってくるのでしょうけれどもね。「変なことをしているぞ」と。

R・A・ゴール　ハハ（笑）。そうかもしれませんがね。
まあ、おそらくは、文春なんかも次の手として、「ほかのマスコミのほうに情報を流して書かす」みたいなことはあるかもしれませんけどね。

悪いことばかり起きる「令和の時代」において気づくべきこと

R・A・ゴール　ただ、こうしたコロナウィルス、世界大恐慌《だいきょうこう》、さらにバッタの大群。そして、その次に、まだ来るものがありますので。こういうもののなかで、ちょっと異常性は感じてもらわないといけないので。異常性を感じてもらわないといけないんですよ。
やっぱり、「天罰が何か起きているらしい」っていう、「神様が怒《おこ》っているかもしれない」っていうところまでは感じてもらわないといけないので。
大川紫央　気づくでしょうか。
R・A・ゴール　さあ、どうでしょう。
大川紫央　この感じで気づくでしょうか。
R・A・ゴール　どうですかねえ。うーん、気づくかもしれませんよ。

大川紫央　そうですか。

R・A・ゴール　だって、少なくとも安倍《あべ》政権は、自分らがやってきたことへの自信を失いつつありますよ。

大川紫央　ただ、不可抗力《ふかこうりょく》でこのようになって、世界同時不況《ふきょう》なので。

R・A・ゴール　でも、「令和の時代」なんて、まったく何の経済効果もなかったですね。そうでしょ？

大川紫央　はい。

R・A・ゴール　悪いことばっかり起きている。これは、予兆としては悪いですね。

大川紫央　「人間が思うとおりには動かない」ということは分かりますよね。

R・A・ゴール　そう。

大川紫央　いくら科学が発達しても。

R・A・ゴール　計算してもね。

大川紫央　計算しても、予測が……。

R・A・ゴール　統計学なんか何の役にも立たないでしょ？

大川紫央　そうそう、予測が大幅《おおはば》に外れることもあると。

R・A・ゴール　うん。ただね、「近隣《きんりん》には、こういう危険な国がいっぱいあるんだ」ということを知ったほうがいい。

日本の原発事故があったということを言ってはいるけれども、「こういうねえ、細菌《さいきん》兵器、ウィルス兵器をつくっているところもあれば、実際にそのミサイルをいっぱい持っているんだ。事故がいつ起きてもおかしくないし、いつ、そんなものが発射されてもおかしくない事態にあるんだ」ということは知ったほうがいいでしょうね。

大川紫央　分かりました。

R・A・ゴール　まあ、中国は、人のせいにするものを一生懸命《いっしょうけんめい》探しているし。まあ、北朝鮮《きたちょうせん》もそうでしょうけどね。

大川紫央　いやあ、中国の言い方というのは本当にすごいですね。ここまで中国で発生しておいて、「中国とコロナウィルスを結びつけるのは、汚名を着せることである」と言っていました。そんなふうに言えるのもすごいですよね。

R・A・ゴール　世界に対する征服欲《せいふくよく》は持ってるんですけどね。世界とどういうふうに付き合ったらいいかは知らないんです。だから、〝大いなる田舎者《いなかもの》〟なんですよ。

大川紫央　世界を支配したいけど、そこに責任感は感じていないのですね。

R・A・ゴール　中国人を大量に外国に出してね、買い物して帰ってくるっていうのは、まさしく〝バッタの大群が飛んでいるようなもの〟なんだし、〝ウィルスが広がってるようなもの〟だっていうこと。それを意味しているんですけどね。

3　日本は「国の立て直し」が必要

今は、自国でやれることを増やすチャンスのとき

R・A・ゴール　まあ、でも、〝楽しみに〟見てくださいよ。

大川紫央　「楽しみに見てください」って。

R・A・ゴール　今年、どういうふうに物事が起きてくるかをね。そういうときに立ち会うことも珍《めずら》しいことではありましょうから。

あなたがたの言う「ゴールデン・エイジ」が、どういうふうにして幕が開けていくかを教えなきゃいけない。

だから、今、「幸福の科学だけが強気で集会をやっている」とか言ってくれるところもあって、心配してくれるところもあるのかもしらんけれども。まあ、モーセのときだってねえ、過越《すぎこし》の、子羊の血を塗《ぬ》ったところだけは子供が死なないでねえ、エジプトのほうの子供だけが死んだなんていう、〝疫学《えきがく》的にはありえない〟ことが起きていますから。

ここまでは神の領域なんですよ。「できる」ということで。「選べる」ということなのでね。

実際、ウィルスなんかねえ、昔から空気中にいくらでもいるんですよ。「罹《かか》る人」は罹って、「罹らない人」は罹らないんで。だから、恐《おそ》れて、あんまり始末しすぎると、もっとすごいことになると思いますね。まあ、ウィルスだと思わないで、インフルエンザぐらいだと思ったほうがいいんじゃないですか。コロナウィルスじゃなくて。

大川紫央　要するに、薬がないから……。

R・A・ゴール　困っている。

大川紫央　不安になるところが大きいのですね。

R・A・ゴール　だけど、インフルエンザだって、実は薬はなかったということで。新しい型についてはね。

大川紫央　そうですね。あと、タミフルも、飲むとちょっと変になるという人もいるぐらいなので、確定した、ちゃんとした安全な薬があるのかなど、怪《あや》しいところもあるんですよね。

Ｒ・Ａ・ゴール　うーん。まあ、大きな運命の流れに乗っているんでね。そのなかを、そのときそのときに考えて、やっていったらいいですよ。

でも、みんなねえ、中国が早くも〝解禁〟に入っているのを見たらね、もう言っていられなくなってくるということなんだろうと思う。人間はねえ、二カ月以上やったら狂気《きょうき》が発生しますから。もうそろそろ。

大川紫央　外出自粛《じしゅく》とかを続けたらね。

Ｒ・Ａ・ゴール　ああ、日本も新学期になったら全部解禁しないと、もう、いられなくなりますよ。それは無理ですよ。あんなねえ、「客もいない大相撲《おおずもう》」みたいなのを中継《ちゅうけい》していると、本当に寂《さび》れてくる感じが強いでしょうね。

とりあえず、どこも外国人の流入制限に入って、外国人へイトに、みんななってきていますからね。「自国でやれることを増やしていく」というふうに、切り替《か》えていくチャンスではありましょうね。

「『共産党ウィルス』があるかぎり、不幸は続く」

R・A・ゴール　それと、もうすぐ、「心霊喫茶《しんれいきっさ》『エクストラ』の秘密―The Real《ザ リアル》 Exorcist《エクソシスト》―」（製作総指揮・原作 大川隆法、二〇二〇年五月公開予定）がかかると思いますけれども、（他の映画では）映画をかけていいのかどうかで、上映を延期したりしているところもありますけど。いやあ、去年の映画（「世界から希望が消えたなら。」〔製作総指揮・大川隆法、二〇一九年公開〕）では病気がずいぶん治りましたが、この映画でも、また悪魔祓《あくまばら》いができるということで、そうした小悪魔たちも撃退《げきたい》は可能だと思いますよ、私はね。だから、光をもらいに来ていただきたいですね。

まあ、「思想戦」ですので。要するに、「共産党ウィルス」があるかぎり、こういう不幸が続くということですね。

私たちはね、ずいぶん古いので。昔から人類を見ている者であるので、調整機能がどこかにはあって、考えているんでね。

大川紫央　そこも、〝現代の日本人〟はバカにしていました。

R・A・ゴール　フフ（笑）。まあ、「信仰心《しんこうしん》がない」っていうことは、悲しいことだね。

大川紫央　人間の尊厳というか、その人たちは、何をもって善悪を考えて、人を裁いているのでしょうね。

R・A・ゴール　いやあ、「儲《もう》かるかどうか」だけで考えているんでしょ。

大川紫央　でも、そんなもので、人が人を裁く権利はないですよね。

R・A・ゴール　まあ、いずれ、物事ははっきりしてくると思いますので。御神事《ごしんじ》とかをバカにしているんでしょうから。

大川紫央　バカにし切っていますね。それから、よい宗教と悪い宗教の違《ちが》いも分からないようです。ありえないですよね。〝普通《ふつう》の頭〟で考えて、分かることですよね。

R・A・ゴール　それは、「国の立て直し」は必要でしょうね。西洋流の〝怒《いか》る神〟も、少し必要なんじゃないでしょうかね。と、私は思いますけどね。

まあ、R・A・ゴールを〝しょっ引《ぴ》いて〟、糾弾《きゅうだん》することもできませんのでね。

大川紫央　（笑）

R・A・ゴール　残念ながら。私たちは、地上の神々の上にいる者なので。不可能です。

大川紫央　すみません。ありがとうございます。

R・A・ゴール　まあ、幸福の科学は自信を持って、もうちょっとやっていきなさい。

大川紫央　はい。

大川隆法　はい（手を一回叩《たた》く）。

大川紫央　ありがとうございました。

古来、釈迦《しゃか》のように悟《さと》りを開いた人には、人知を超《こ》えた六種の自由自在の能力「六神通《ろくじんずう》」（神足通《じんそくつう》・天眼通《てんげんつう》・天耳通《てんにつう》・他心通《たしんつう》・宿命通《しゅくみょうつう》・漏尽通《ろじんつう》）が備わっているとされる。それは、時空間の壁《かべ》を超え、三世《さんぜ》を自在に見通す最高度の霊的《れいてき》能力である。著者は、六神通を自在に駆使《くし》した、さまざまなリーディングが可能。

本書に収録されたリーディングにおいては、霊言《れいげん》や霊視《れいし》、「タイムスリップ・リーディング（対象者の過去や未来の状況《じょうきょう》を透視《とうし》する）」「リモート・ビューイング（遠隔《えんかく》透視。特定の場所に霊体《れいたい》の一部を飛ばし、その場の状況を視《み》る）」「マインド・リーディング（遠隔地の者も含《ふく》め、対象者の思考や思念《しねん》を読み取る）」「ミューチュアル・カンバセーション（通常は話ができないような、さまざまな存在の思いをも代弁して会話する）」等の能力を使用している。

第2章　地球を超《こ》えた宇宙的救世主の存在

――UFOリーディング㊻（R・A・ゴール）――

二〇二〇年三月十八日　収録

幸福の科学　特別説法堂《せっぽうどう》にて

〈霊言《れいげん》収録時の状況《じょうきょう》〉

本リーディングは、第二部 第1章の「R・A・ゴールのメッセージ」の収録翌日の三月十八日に収録されたものです。

質問者
大川紫央《おおかわしお》（幸福の科学総裁補佐《ほさ》）

［役職は収録時点のもの］

1　新型コロナウィルス感染《かんせん》への「心構え」と「対策」

新型コロナウィルス感染に対して強気の幸福の科学

大川隆法　（空を見上げて）ＵＦＯはかなり低いところまで来ていますね。

大川紫央　カメラに入っています。

※以下、「　」内のゴシック体の部分は、大川隆法がリーディングした宇宙人の言葉である。

大川隆法　はい。そちらで合図を送っているように見えている者よ。合図を送っているように見えている者よ。どちら様でしょうか。

「R・A・ゴールです」。

大川紫央　昨日《さくじつ》はありがとうございました（本書第二部 第1章参照）。

大川隆法　「ええ。霊言《れいげん》を送りましたが、映像を送っていなかったので、ちょっとだけ姿を現しています」。

大川紫央　現してくださった。

大川隆法　「まあ、しばらくしたら、いなくなり

本収録動画に映ったR・A・ゴールのUFO

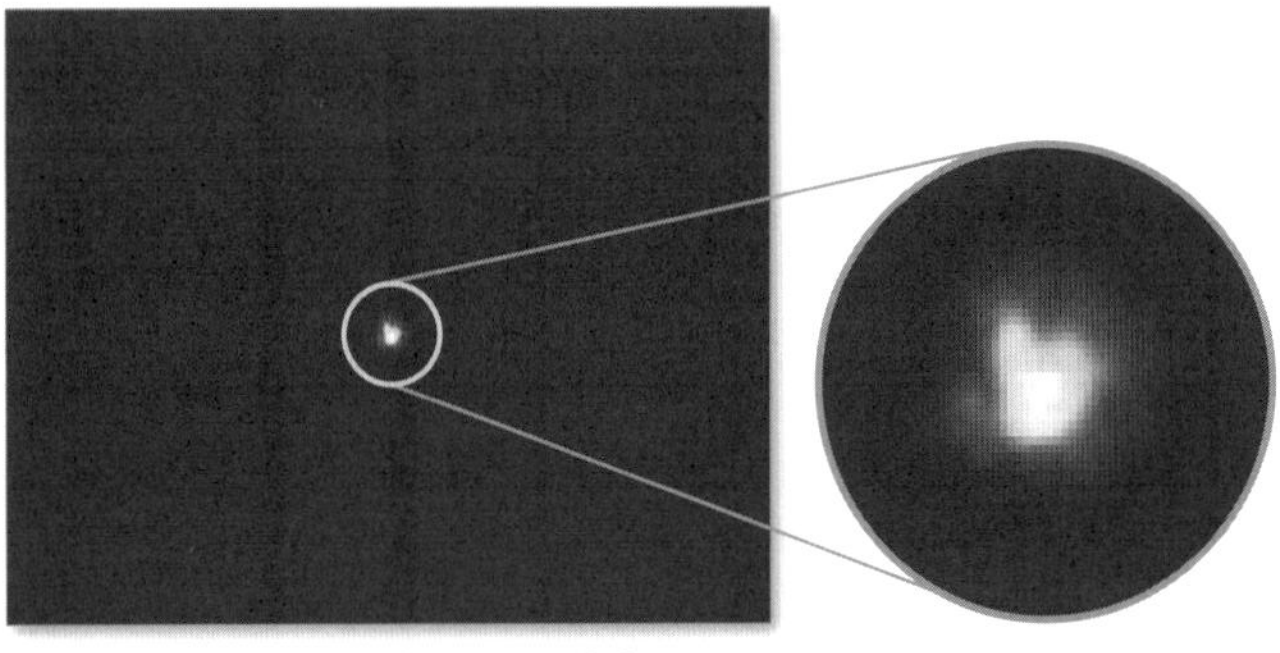

発見者：大川隆法／撮影者：大川紫央
3月18日22:39／東京都（右は拡大写真）
※カバー袖にカラー写真を掲載。

ますけど」。

大川紫央　目視《もくし》でも、回転しています。

大川隆法　「回転しているでしょう？　そう、そう」。

大川紫央　ほかの星と、瞬《また》きが全然違《ちが》います。

大川隆法　「うん、うん。全然違います。近いんです、距離《きょり》的に。そんなに遠くないので」。

大川紫央　色も何か変化しているように……。

大川隆法 「ええ、ええ。

まあ、ショックを受けている方も多いとは思うんですけどね」。

大川紫央 新型コロナウィルスのことですか?

大川隆法 「うーん。まあ、『幸福の科学の立ち位置がどうなのか』というようなことかね。『幸福の科学は強気だ』とか『人を集めている』とか、いろいろ言われていますけど。

でも、まもなく、そうなると思いますよ。そうしないと、もう何にも動かなくなりますから。中国が、もう待ち切れずに動き始めているでしょう」。

大川紫央 はい。

●中国が……　本霊言の3週間後の2020年4月8日、中国政府は、武漢の封鎖措置を解除した。

大川隆法　「まあ、そうなりますけど」。

宇宙人情報が後《おく》れている日本

大川紫央　カメラをちょっと動かします。止めました。

大川隆法　「日本はね、お金を一生懸命《いっしょうけんめい》ばら撒《ま》くんだそうですね、また」。

大川紫央　（苦笑）現金を支給してくれるそうです。

大川隆法　「まあ、もう戦時中か何かなんですね」。

大川紫央　はい。そういう意味では、危機管理……。

大川隆法　「案件ではある」。

大川紫央　危機管理は、あまり考えてはいなかったですね。

大川隆法　「ええ。リーマン・ショック級のものが来れば（消費税を）上げないが、来なければ上げるって。上げたら来たということになりますね」。

大川紫央　ＵＦＯの色がすごく変わっています。

大川隆法　「動いているでしょう？　うん。動いているんです。ものすごく、今、動かしているので。合図しているので。

私がＲ・Ａ・ゴールと申します。いろいろ、みなさまに心労・心配をかけて申し訳ございません」。

大川紫央　いえいえ、地球のためにすみません。

大川隆法　「ええ。なかなか、宇宙人がものを言っているみたいで信用を落とすことになっているかもしれませんけど、私たちじゃないと分からないこともあるので」。

大川紫央　将来、「宇宙人がいる」というほうが絶対に常識になりますから。

大川隆法　「ええ。それは当然です。日本はすごく後《おく》れていましたから」。

大川紫央　カメラをちょっと動かします。

大川隆法　「幸福の科学で宇宙人のを、この十年ぐらい開示し始めたので、だいぶ浸透《しんとう》してきているんです。情報が全然なかったのでね。まったくなかったんで。外国ではありましたが、日本ではそういう情報はなかったんでね。『日本は狭《せま》いから出てこないのかなあ』って、みんな言っていたぐらいなんで」。

「信仰《しんこう》による強い心」を持て

大川紫央　カメラをちょっと動かします。

大川隆法　「ええ。動いていますよ」。

大川紫央　ちょっと消えかかっています。

大川隆法　「ええ。まあ、低いのでね、位置が」。

大川紫央　出ました。すみません。はい。

大川隆法　「何か訊《き》いておきたいことはありますか？」

大川紫央　では、新型コロナウィルス感染《かんせん》に対する心構えをお伺《うかが》いします。

大川隆法　「うん。まあ、大きな行事とかはね、全体の流れから見て、しにくいとは思いますけれども、支部の行事とか精舎《しょうじゃ》の行事とかをやめなきゃいけないようなものではありませんので、やってください。

　まあ、左翼《さよく》系の人たちから挑発《ちょうはつ》的と見られて、反撃《はんげき》はあるかもしれませんが、結局、こういうときに、平然として、平常心でやっているところがあったっていうことが非常に大事なことです。

みんな、どうしたらいいか分からないんで。ものすごい、『何かしなきゃいけないのか』っていうようなことでね。まあ、外国も今、すごいですからね。もう、入国禁止ばっかりですので。ただ、すごく遅《おく》れていますからね」。

大川紫央　はい。……ＵＦＯがカメラから消えてしまいました。

大川隆法　「まあ、薬ができていないんでね。だから、幸福の科学が言っているとおりの、『信仰《しんこう》による強い心』を持つ以外にはないんですよ。

だから、それでいいんです。対策はそれで構わないんで。

まあ、私たちは私たちなりに、別にまた考えていますから、ちゃんと。お任せください」。

大川紫央　はい。……ズームします。

大川隆法　「ただ、世界的にね、今、大異変が起きようとしているということだけは伝えておきたいんでね」。

大川紫央　カメラを動かします。止めました。

大川隆法　「うーん。まあ、中国は悪者にされないように反撃はしているとは思いますけれども、ただ、まだまだ追撃戦はしますので。それは知っておいてください。だから、二月では中国からの輸入がね、半分ぐらいになったというふうに聞いていますけどね。いや、それでも、あるいはそれ以下になっても、生きていける日本にならなきゃ駄目《だめ》です。これを言っておきたいんで。それは、将来のために非常に大事なことです」。

エル・カンターレを信じることが、すべての救いの〝キー〟になる

大川隆法　「まあ、『宇宙の方がなんで？』と言われるかもしれませんけれども、私たちは地球を護《まも》っているんです。それを知っていてください。信じてください」。

大川紫央　宇宙的な「エル・カンターレの弟子《でし》」ですか。

大川隆法　「そうです。（エル・カンターレは）本当は『宇宙的救世主』まで、最後は上がるつもりでいるんで。そのために私たちも出ているんで。すべての新しいことは二〇〇九年、一〇年ごろから始まっているんでね」。

大川紫央　カメラをちょっと止めます。

大川隆法　「これを後世に遺《のこ》す事業にしたいと思っています」。

大川紫央　そうですね。

大川隆法　「ええ。だから、同時に始まったでしょう？　いろんなね、国内伝道・海外伝道から、教育事業から、ねえ？　政党事業から、それから映像事業から、たくさん始まりましたよね？」

大川紫央　はい。……拡大します。

大川隆法　「それで、『宇宙を知らしめる』ということも大事なんで」。ああ、もう下がってきたので、映らなくなるかな。

大川紫央　ちょっとすみません。でも、まだ映っています。

大川隆法　「だから、私たちを信じてください。

でも、最後は幸福の科学を信じてください。大川隆法を信じてください。エル・カンターレを信じてください。

それが、すべての救いの〝キー〟になります。主を信ずる者は、『永遠の命』を持つことになります。『永遠の繁栄《はんえい》』を持つことになる」。

2　宇宙人たちが「地球のメシア」に会いに来ている
間違《まちが》った価値観を引っ繰《く》り返すための戦いが起きている

大川紫央　この霊言《れいげん》や宇宙からのメッセージも……。

大川隆法　「弱気になってはいけません」。

大川紫央　本当はこんなに頂けないもので、今はめったにない奇跡《きせき》のときですね。

大川隆法　「はい。そうです。そうです。宇宙から私たちが会いに来ているんですから。こんなことがあるわけないじゃないですか、一般《いっぱん》にね。ありえないことですから」。

大川紫央　その言葉を伝えてくださる存在も、本当はめったにいないですからね。

大川隆法　「遺《のこ》っているのは、『イエスが生まれるときに、馬小屋の上に星が止まっていた』っていうのだけでしょう？　『東方の三賢人《さんけんじん》が見に来た』っていう。それが遺っていますけれども。『星が動かなかった』っていうんでしょう？　それだけですけど。

今は、私たちが会いに来ているので。メッセージを伝えている。それはすごいことですよ。戦いですから」。

大川紫央　はい。私たちも心を強くします。

大川隆法　「価値観の転換《てんかん》、間違《まちが》っている価値観を引っ繰《く》り返そうと。いや、唯物《ゆいぶつ》論《ろん》的に言ったって、『宇宙人がいない』っていう証明はできないんですから」。

大川紫央　そうですね。

大川隆法　「ええ。やっぱり、それはアピールしなければいけないんで」。

大川紫央　むしろ、けっこうＵＦＯとかを見ているのに、言論封鎖《ふうさ》をされている場合が多いですからね。

大川隆法　「そうそう。そのほうが多い。『相手にしないほうが一流だ』っていう、『高度だ』っていう感じですね」。

大川紫央　そうそう。

大川隆法　「まあ、『弱気にならずに、どうか信じてついてきてください』と、私も申し上げたいと思います。最後は、私たちが何とでもしますから」。

大川紫央　私たちも頑張《がんば》ります。本当にありがとうございます。

大川隆法　「一言《ひとこと》、挨拶《あいさつ》だけです」。

「地球のメシアが目覚める」ことは宇宙的事件

大川紫央　あと、個人的にちょっと気になったことがあります。総裁先生は一九九〇年代にも東京ドーム講演をされていまして、今年（二〇二〇年）の秋に公開予定の映画（「夜明けを信じて。」〔製作総指揮・原作　大川隆法〕）でも描《えが》かれているのですけれども、あのときも上空から見ていたのですか。

大川隆法　「いたんですよー」。

大川紫央　やはり、そうですよね。

大川隆法　「いたんですけど、あなたがたは空を見ていなかったので、撮影《さつえい》もしていない」。

大川紫央　まだ出てこられなかったけど、九〇年代もずっと見守ってくださってはいたということですね。

大川隆法　「『宇宙の法』を説き始めたら出てき始めたように見えているけれども、

本当は上空にはいました。

当然です。宇宙的事件なんですよ、『地球のメシアが目覚める』ということは。もっと自覚を持ってほしいし、その自信を持ってもらうために、私たちはいろんなことを起こしていきます」。

大川紫央　はい。本当にありがとうございます。

大川隆法　「はい」。

「霊言現象《れいげん》」とは、あの世の霊存在等の言葉を語り下ろす現象のことをいう。これは高度な悟《さと》りを開いた者に特有のものであり、「霊媒現象《れいばい》」(トランス状態になって意識を失い、霊が一方的にしゃべる現象)とは異なる。外国人霊や宇宙人等の霊言の場合には、霊言現象を行う者の言語中枢《ちゅうすう》から、必要な言葉を選び出し、日本語で語ることも可能である。

なお、「霊言」は、あくまでも霊人《れいじん》の意見であり、幸福の科学グループとしての見解と矛盾《むじゅん》する内容を含《ふく》む場合がある点、付記しておきたい。

第3章　唯一神《ゆいいつしん》への信仰《しんこう》に目覚めよ

――R・A・ゴールの霊言《れいげん》――

二〇二〇年三月二十五日　収録

幸福の科学　特別説法堂《せっぽうどう》にて

〈霊言《れいげん》収録時の状況《じょうきょう》〉

本霊言は、第二部 第2章のリーディングの一週間後の三月二十五日に収録されたものです。『「文春」の報道倫理《りんり》を問う』（幸福の科学出版刊）が発刊されたことに反応した「週刊文春」編集局長・新谷学《しんたにまなぶ》氏の守護霊《しゅごれい》霊言が収録され、幸福の科学に対して、霊言などの霊的なものを否定し、誹謗中傷《ひぼうちゅうしょう》する「週刊新潮」の記事も掲載《けいさい》されるような状況でした。また、二十六日には、アメリカの新型コロナウィルスの感染者《かんせんしゃ》数が中国を抜《ぬ》いて世界最多となったことが発表されました。

質問者

大川紫央《おおかわしお》（幸福の科学総裁補佐《ほさ》）

［役職は収録時点のもの］

1 「地球を護《まも》る唯一《ゆいいつ》の神への信仰《しんこう》を持ちなさい」

神への信仰を持って初めて開ける「神秘の世界への目」

大川紫央　はい。

R・A・ゴール　ふう……（息を吐《は》く）。R・A・ゴールです。

大川紫央　今、夜空に見えています。

R・A・ゴール　「文春」とか「新潮」とかが、いろいろなことをあなたがたに言って、神への不信仰《ふしんこう》と地上への執着《しゅうちゃく》を推《お》し進める唯物論《ゆいぶつろん》を広めようとしているのでしょう。

おそらく、霊《れい》が降りてきてしゃべるだけでもからかいの種《たね》になっているのに、「日本人がまったく知りもしない宇宙人からの言葉まで聞こえる」ということを通じて、さらにバカにしている人たちもいるのでしょう。

大川紫央　改めてそう聞くと、やはり（週刊誌は）「時代遅《おく》れ」ですね。

R・A・ゴール　ええ。

私たちはね、宇宙からいろいろな言葉を、今、代表して伝えていますが、私たちが伝えたいのは、私たちへの信仰ではありません。

地球人類が、宇宙にいる私たちと対等に話ができるようになるには、まだまだ、ずいぶん長い時間がかかると思います。

ただ、私たちが、この地上でも、
この世を浄化《じょうか》するためにさまざまな奇跡《きせき》を起こしている理由は、
「唯一の神への信仰を持ちなさい」という、
ただ、その気持ち一点です。
神への信仰を持って初めて、
人類はまともになり、
そして、神秘の世界への目が開けるのです。
神への信仰を持って初めて、
それから先の、宇宙への目が、
神が創られた宇宙と
神が創られた宇宙の仲間たちへの
神秘の目が開けるのです。
だから、今は、私たちは自己証明をしようとも思わないし、自分たちへの信仰を求めようとも思いません。
ただ、この地球を護《まも》っている唯一の神への信仰を持ちなさい。
さすれば、すべてが与《あた》えられることになるでしょう。

私たちも、いろいろな活動をしていることを、一部公開はしていますが、
その多くは、あなたがたには理解のいかないことでしょう。
ただ、言えることは、
霊界《れいかい》があるということさえ信じることができなかったら、
とうてい神の存在は信じることができないし、
神の存在を信じることができなかったら、
「宇宙に神が創られた他の知的生命体もまた、
魂修行《たましいしゅぎょう》のためにいろいろな修行を積んでいる」ということを、
とうてい信じることはできないと思います。

今、世界は、コロナウィルスによるパンデミック、
それから世界大恐慌《だいきょうこう》の恐《おそ》れ、
それ以外のさまざまな人類に対する脅威《きょうい》が
立ち向かっているように見えると思います。
しかし、それは脅威であって脅威ではありません。
神が求めているのは信仰です。
神を信じる心であり、人類の傲慢《ごうまん》を戒《いまし》めようとしているだけなのです。

自分たちの小さな天狗《てんぐ》の鼻を折って、神への信仰に目覚めなさい。
そのときに、あなたがたは、私たちの持っている「宇宙的愛」というものは
何であるかということを知るでしょう。
私たちの声を、今、地上に伝えることができるのは、

エル・カンターレ、大川隆法ただ一人です。
それが、地球の神の、唯一の、真実の魂の叫《さけ》びであり、
私たちの心を汲《く》み取ってくれる、唯一の存在でもあるのです。

主エル・カンターレを信じなさい。
さすれば、あらゆる危機をあなたがたは乗り越《こ》え、
次の世紀に、新しい時代を築いていくことができるでしょう。
あなたがたのゴールデン・エイジは、厳しい始まりになりました。
しかし、この厳しさこそ、
地上にある過《あやま》てる価値観を粉砕《ふんさい》するために必要な危機でもあるのです。
危機のための危機ではありません。
あなたがたをいじめるつもりでやっているわけでもありません。
あなたがたに、「真なる信仰」に目覚めていただきたいのです。

その解説は、いろいろなかたちでなされるでしょう。

しかし、今まで前例がないことが起きることによって初めて、人間は、自分たちの知識で解決できない問題に打ち当たり、自分たちの傲慢さに目覚めることがあります。

自分たちの無力に目覚めていただきたいのです。

そのときに、「神の言葉を伝える人」が要《い》るのです。

「そういう人が地上にいる」ということが救いなのです。

それを知っていただきたいと思います。

「俗人《ぞくじん》の言葉に惑《まど》わされるようでは、信仰《しんこう》の立場は得られない」

R・A・ゴール

私は「R・A・ゴール」と称《しょう》しておりますが、

私への信仰《しんこう》など要りません。
宇宙のどこかから響《ひび》いてきた声だと思ってください。
ただ、私たちが伝えたいのは、
「地球は悪《あ》しき勢力にも狙《ねら》われている」ということです。
だから、「唯一の信仰はエル・カンターレ信仰である」ということを、
どうか伝えてください。
あらゆる手段を使って、
不信の輩《やから》に対して抵抗《ていこう》する
あなたがたであってほしいと思います。

大川紫央　はい。
すでに三十年以上前から、「霊言《れいげん》」は始まっていますから。

R・A・ゴール　そうです。

大川紫央　今さらですね。

R・A・ゴール　そうです。まあ、いろいろな〝小さな事態〟を大きく膨《ふく》らませて、不信を煽《あお》り立てる者はいるでしょうが、そのような〝小人《しょうじん》〟は、いつの時代にもいたのだということを忘れないでほしいと思います。

大川紫央　はい。週刊誌が言うようなことは、もう聞き飽《あ》きました。

R・A・ゴール　ええ。

そういう不信仰な者、

この世の俗人《ぞくじん》の言葉に惑《まど》わされるようであっては、信仰の立場は、決して得ることはできません。

あなたがたの主なる神を信じなさい。

その主なる神は、宇宙へとつながっているものです。

あなたがたは、その唯一の神を通してでなければ、本当の宇宙観を知ることはできないのです。

どうか、力強く、心強く、生きてください。

大川紫央　はい、ありがとうございます。頑張《がんば》ります。負けません。

R・A・ゴール　はい。

2　この世の「嘘《うそ》」や「罠《わな》」に負けず、強くあれ

新型コロナウィルスをめぐる中国の「嘘」と「狙《ねら》い」

大川紫央　一点、お訊《き》きしたいのですが、今、コロナウィルスの発生源をめぐって、中国が、「アメリカが持ち込《こ》んだのではないか」などと言い始めています。

また、「中国のなかでは、もう感染者《かんせんしゃ》数が減っている。止まった」とも言っていますし、「アメリカの国内のほうが広がっていて、次の拡大する地域になるのではないか」といったことも言われているのですけれども、どのように見ていらっしゃいますか。

R・A・ゴール　「中国で感染者が減っている」というのは嘘《うそ》です。ワクチンもな

く、治療《ちりょう》手段もないのに、止まるわけがありません。それは、「統計上、減らすことにしている」というだけのことですね。

大川紫央　習近平《しゅうきんぺい》氏の守護霊《しゅごれい》も、「ピークが過ぎたとさえ言えば、景気も回復していけるだろう」と言っていましたね。

R・A・ゴール　そう考えているはずですが、「隠《かく》しているものが、またもう一度、明らかになってくる」でしょう。

アメリカに出ている数字は正確なものだと思いますが、これは徹底《てってい》的に戦うことになるでしょうね、アメリカのほうもね。

アメリカのほうは近代的に戦うことになると思いますが、一つの考え方としては、アメリカが「そういうものを広めたように工作しようとしている者がいるかもしれない」ということも、知っておいたほうがよいと思いますね。

●習近平氏の守護霊も……　『守護霊霊言　習近平の弁明』（前掲）参照。

中国の狙《ねら》いは、「キリスト教、バチカンへの信仰」を揺《ゆ》さぶることであるし、アメリカの「神の国であるという自覚」を揺さぶることでもあって、唯物論《ゆいぶつろん》の国が強いということを見せたいのだと思いますが、嘘は、やがて明らかになるでしょう。

日本の親中のお人好《ひとよ》したちを取り込むためにも、「中国では、もう鎮静《ちんせい》に成功した」というのが言いやすいでありましょうが、鎮静させるための病院も、医者も、薬も、施設《しせつ》も、何もないんです。

だから、恐《おそ》れるべきは、「発症《はっしょう》したら、抹殺《まっさつ》される恐れもある」ということですね。

エゴイストは、簡単に「欲望」という名の〝落とし穴〟に落ちる

大川紫央　興味深いのは、「今、マクロの視点で見ても、国として嘘をつくところと戦っていて、当会においても、嘘つきと戦っている」というところです。

悪魔《あくま》や悪い人は、嘘をつくのですね。

R・A・ゴール　そうですよ。

大川紫央　悪い人に憑依《ひょうい》されていたりすると、「嘘つき」になる。

R・A・ゴール　悪魔は、欲望を満たそうとしているので。「自分たちの言うことをきけば、その征服欲《せいふくよく》、支配欲、権力欲、財欲、色欲、すべて手に入って、おまえたちは幸福になる。われらこそが真なる神である」という、そういう嘘を広めるのが悪魔の勢力であるので。それは、ぶつかるのは当然です。

大川紫央　そして、自分が得たいものを得るためには、手段など何も選ばずにやるということですね。

R・A・ゴール　はい、そうですね。

大川紫央　だから、嘘が発生すると。

R・A・ゴール　神の教えとか、神の代理人の教えとかいうものは、「欲望を捨てろ」とか、「戒律《かいりつ》を守れ」だとか、「自由を制限して、責任を感じろ」とか、悪魔から見たら、全然、面白《おもしろ》くも何もないことを言っているわけですから。

（悪魔の欲望というほうの）この簡単な罠《わな》にかかる者は数知れずということで。

地上世界は、罠に満ち満ちているんです。そういうエゴイストは、簡単に罠にかかっていくんです。その〝落とし穴〟に落ちていきます。「欲望」という名の〝落とし穴〟です。

古典的なものです。宗教においては、本当に古典的な罠なんです。

大川紫央　一言《ひとこと》で言うと、「嘘つき」で片付けることができるというのも、すごいですね。

R・A・ゴール　それは、動物を捕《と》らえるための罠と変わらないんです。穴を掘《ほ》って、その上を草で覆《おお》っておけば、そこを通った者は落ちる。それだけのことなのです。

大川紫央　餌《えさ》を撒《ま》いておけば。

R・A・ゴール　はい。

大川紫央　分かりました。

「負けないでください。強くあってください」

R・A・ゴール　負けないでください。そんな古典的なものに負けないでください。強くあってください。

大川紫央　はい。

R・A・ゴール　あなたがたを信じる者は、増え続けています。週刊誌の読者よりも、あなたがたを信じる人のほうが増え続けて、大きくなっています。

大川紫央　週刊誌は、もう時代遅《おく》れになると思います。

R・A・ゴール　はい。あなたがたが今、地球の中心として意見を発信しているのだということを、どうか知ってほしいと思います。

話しているうちにも、他の宇宙の仲間も少し集まってきつつあるようですね。

大川紫央　ああ、そうですか。ありがとうございます。

R・A・ゴール　ええ。二つ、三つ、四つ、集まってきつつあるようですけどね。ただ、私たちは、あくまでも黒子《くろこ》ですので。裏からは力は与《あた》えていますけれども、信仰は地球人の手で打ち立ててください。それが大事なことだと思います。

大川紫央　はい。

R・A・ゴール　ただ、あなたがたが危険なときには護《まも》ります。

大川紫央　本当にありがとうございます。

R・A・ゴール　はい。

大川紫央　はい。ありがとうございました。

あとがき

厳しい日本人論にはなっているだろう。信仰を半《なか》ば失い、宇宙への関心が、はるかに遠い日本人にとっては、ショッキングな内容かと思う。

日本のマスコミの遅れも相当なもので、「マスゴミ」となり果てているとも感じられる。またYouTube《ユーチューブ》やインターネットの「ウィルス感染」との類似性の指摘も印象的だった。

彼ら二人の主張の根本は、現在の「コロナ・パンデミック」が中国の覇権主義と深い関係があるということだ。

今が未来への岐路《きろ》であろう。中国へ強く吸引《きゅういん》されてきた安保世代、冷戦世代が、今、コロナウィルスによって命を奪われつつある。「無明《むみょう》」の罪は重かろう。

十万円各人に金をバラまくことしか考えていない、現在の日本政府には、追って「沙汰《さた》」が下されることになるだろう。希望的観測の時期はもう終わっている。

二〇二〇年　四月二十一日

幸福《こうふく》の科学《かがく》グループ創始者兼総裁《そうししゃけんそうさい》　大川隆法《おおかわりゅうほう》

『中国発・新型コロナウィルス 人類への教訓は何か』関連書籍

『いま求められる世界正義』(大川隆法 著　幸福の科学出版刊)
『新復活』(同右)
『ザ・ヒーリングパワー』(同右)
『孔子、「怪力乱心」を語る』(同右)
『中国発・新型コロナウィルス感染 霊査』(同右)
『守護霊霊言　習近平の弁明』(同右)
『「文春」の報道倫理を問う』(同右)
『コロナ・パンデミックはどうなるか
　——国之常立神 エドガー・ケイシー リーディング——』(同右)
『イエス　ヤイドロン　トス神の霊言』(同右)

『ＵＦＯリーディングⅠ』（同右）
『ＵＦＯリーディングⅡ』（同右）
『「ＵＦＯリーディング」写真集』（同右）
『世界皇帝をめざす男――習近平の本心に迫る――』（大川隆法 著　幸福実現党刊）

中国発《ちゅうごくはつ》・新型《しんがた》コロナウィルス
人類《じんるい》への教訓《きょうくん》は何《なに》か
──北里柴三郎　R・A・ゴールの霊言──

2020年4月22日　初版第1刷

著　者　大《おお》川《かわ》隆《りゅう》法《ほう》

発行所　幸福の科学出版株式会社
〒107-0052 東京都港区赤坂2丁目10番8号
TEL(03)5573-7700
https://www.irhpress.co.jp/

印刷・製本　株式会社 研文社

ISBN978-4-8233-0170-4 C0014
カバー Johan Swanepoel7/Shutterstock.com
帯 Mr Twister/Shutterstock.com ／ argus/Shutterstock.com
装丁・イラスト・写真（上記・パブリックドメインを除く）© 幸福の科学

大川隆法 霊言シリーズ・天災・疫病の霊的真相を探る

コロナ・パンデミックはどうなるか

国之常立神 エドガー・ケイシー リーディング

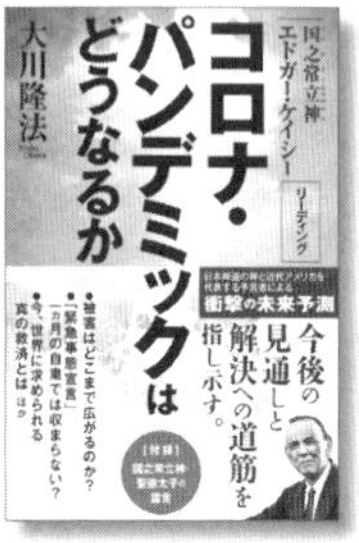

世界に拡大する新型コロナウィルス感染の終息の見通しは？ 日本神道の神と近代アメリカを代表する予言者が示す「衝撃の未来予測」と「解決への道筋」。

1,400円

中国発・新型コロナウィルス感染 霊査

中国から世界に感染が拡大する新型ウィルスの真相に迫る！ その発生源や"対抗ワクチン"とは何かなど、宇宙からの警告とその背景にある天意を読み解く。

1,400円

守護霊霊言　習近平の弁明

中国発・新型コロナウィルス蔓延に苦悩する指導者の本心

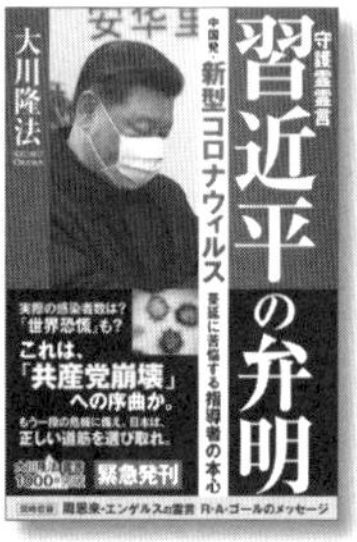

新型肺炎の全世界への感染拡大は「中国共産党崩壊」の序曲か——。中国政府の隠蔽体質の闇、人命軽視の悪を明らかにし、日本が取るべき正しい道筋を示す。

1,400円

台風19号リーディング

天災に顕れる神意を探る

未曾有の被害をもたらした台風19号。その霊的背景とは？ 失政を隠す政府や皇室の未来、環境問題など、令和の時代を憂う日本の神々の思いが明かされる。

1,400円

※表示価格は本体価格(税別)です。

大川隆法ベストセラーズ・地球神エル・カンターレの真実

太陽の法

エル・カンターレへの道

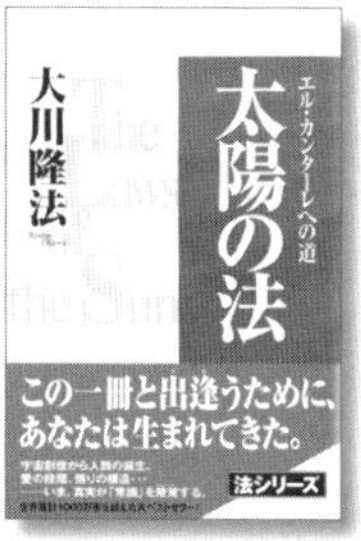

創世記や愛の段階、悟りの構造、文明の流転を明快に説き、主エル・カンターレの真実の使命を示した、仏法真理の基本書。14言語に翻訳され、世界累計1000万部を超える大ベストセラー。

2,000円

信仰の法

地球神エル・カンターレとは

さまざまな民族や宗教の違いを超えて、地球をひとつに──。文明の重大な岐路に立つ人類へ、「地球神」からのメッセージ。

2,000円

公開霊言
超古代文明ムーの大王
ラ・ムーの本心

1万7千年前、太平洋上に存在したムー大陸。神秘と科学が融合した、その文明の全貌が明かされる。神智学では知りえない驚愕の事実とは。

1,400円

公開霊言　ギリシャ・エジプトの古代神
オフェアリス神の教えとは何か

全智全能の神・オフェアリス神の姿がついに明らかに。復活神話の真相や信仰と魔法の関係など、現代人が失った神秘の力を呼び覚ます奇跡のメッセージ。

1,400円

※表示価格は本体価格(税別)です。

大川隆法ベストセラーズ・地球に臨む宇宙パワー

イエス　ヤイドロン トス神の霊言

神々の考える現代的正義

香港デモに正義はあるのか。LGBTの問題点とは。地球温暖化は人類の危機なのか。中東問題の解決に向けて。神々の語る「正義」と「未来」が人類に示される。

1,400円

メタトロンの霊言

危機にある地球人類への警告

中国と北朝鮮の崩壊、中東で起きる最終戦争、裏宇宙からの侵略──。キリストの魂と強いつながりを持つ最上級天使メタトロンが語る、衝撃の近未来。

1,400円

「UFOリーディング」写真集

謎の発光体の正体に迫る

2018年夏、著者の前に現れた60種類を超えるUFO。写真はもちろん、彼らの飛来の目的や姿等の詳細なリーディングが詰まった、衝撃の一書。

1,500円

UFOリーディングⅠ・Ⅱ

なぜ、これほどまでに多種多様な宇宙人が、日本に現れているのか？ 著者が目撃し、撮影した数々のUFOをリーディングした、シリーズⅠ・Ⅱ。

各1,400円

幸福の科学出版

モナコ国際映画祭2020
最優秀作品賞
（エンジェル・トロフィー賞）
モナコ国際映画祭2020
最優秀主演女優賞
モナコ国際映画祭2020
最優秀助演女優賞
モナコ国際映画祭2020
最優秀VFX賞
エコ国際映画祭2020
inナイジェリア
最優秀作品賞
エコ国際映画祭2020
inナイジェリア
最優秀助演女優賞
心の闇を、打ち破る。
心霊喫茶
「エクストラ」の秘密
—THE REAL EXORCIST—
製作総指揮・原作／大川隆法
千眼美子
伊良子未来　希島凛　日向丈　長谷川奈央　大浦龍宇一　芦川よしみ　折井あゆみ
監督／小田正鏡　脚本／大川咲也加　音楽／水澤有一　製作／幸福の科学出版　製作協力／ARI Production ニュースター・プロダクション
制作プロダクション／ジャンゴフィルム　配給／日活　配給協力／東京テアトル　©2020 IRH Press　cafe-extra.jp
2020年5月15日（金）ロードショー

1991年7月15日、東京ドーム。
人類史を変える「歴史的瞬間」が誕生した。
――これは、映画を超えた真実。
夜明けを信じて。
2020年秋 ROADSHOW
製作総指揮・原作 大川隆法
田中宏明 千眼美子 長谷川奈央 芦川よしみ 石橋保
監督／赤羽博 音楽／水澤有一 脚本／大川咲也加 製作／幸福の科学出版 製作協力／ARI Production ニュースター・プロダクション
制作プロダクション／ジャンゴフィルム 配給／日活 配給協力／東京テアトル ©2020 IRH Press

幸福の科学グループのご案内

宗教、教育、政治、出版などの活動を通じて、地球的ユートピアの実現を目指しています。

幸福の科学

一九八六年に立宗。信仰の対象は、地球系霊団の最高大霊、主エル・カンターレ。世界百カ国以上の国々に信者を持ち、全人類救済という尊い使命のもと、信者は、「愛」と「悟り」と「ユートピア建設」の教えの実践、伝道に励んでいます。

（二〇二〇年四月現在）

愛

幸福の科学の「愛」とは、与える愛です。これは、仏教の慈悲《じひ》や布施《ふせ》の精神と同じことです。信者は、仏法真理をお伝えすることを通して、多くの方に幸福な人生を送っていただくための活動に励んでいます。

悟り

「悟り」とは、自らが仏の子であることを知るということです。教学《きょうがく》や精神統一によって心を磨き、智慧《ちえ》を得て悩みを解決すると共に、天使・菩薩《ぼさつ》の境地を目指し、より多くの人を救える力を身につけていきます。

ユートピア建設

私たち人間は、地上に理想世界を建設するという尊い使命を持って生まれてきています。社会の悪を押しとどめ、善を推し進めるために、信者はさまざまな活動に積極的に参加しています。

国内外の世界で貧困や災害、心の病で苦しんでいる人々に対しては、現地メンバーや支援団体と連携して、物心両面にわたり、あらゆる手段で手を差し伸べています。

年間約２万人の自殺者を減らすため、全国各地で街頭キャンペーンを展開しています。

公式サイト **www.withyou-hs.net**

ヘレン・ケラーを理想として活動する、ハンディキャップを持つ方とボランティアの会です。視聴覚障害者、肢体不自由な方々に仏法真理を学んでいただくための、さまざまなサポートをしています。

公式サイト **www.helen-hs.net**

入会のご案内

幸福の科学では、大川隆法総裁が説く仏法真理《ぶっぽうしんり》をもとに、「どうすれば幸福になれるのか、また、他の人を幸福にできるのか」を学び、実践しています。

入会

仏法真理を学んでみたい方へ

大川隆法総裁の教えを信じ、学ぼうとする方なら、どなたでも入会できます。入会された方には、『入会版「正心法語《しょうしんほうご》」』が授与されます。

ネット入会　入会ご希望の方はネットからも入会できます。
happy-science.jp/joinus

三帰《さんき》誓願《せいがん》

信仰をさらに深めたい方へ

仏弟子としてさらに信仰を深めたい方は、仏《ぶっ》・法《ぽう》・僧《そう》の三宝《さんぼう》への帰依を誓う「三帰誓願式」を受けることができます。三帰誓願者には、『仏説・正心法語』『祈願文《きがんもん》①』『祈願文②』『エル・カンターレへの祈り』が授与されます。

幸福の科学 サービスセンター
TEL 03-5793-1727
受付時間／
火～金：10～20時
土・日祝：10～18時
（月曜を除く）

幸福の科学 公式サイト
happy-science.jp

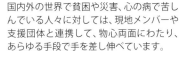

仏法真理塾「サクセスNo.1」

全国に本校・拠点・支部校を展開する、幸福の科学による信仰教育の機関です。小学生・中学生・高校生を対象に、信仰教育・徳育にウエイトを置きつつ、将来、社会人として活躍するための学力養成にも力を注いでいます。

TEL 03-5750-0751(東京本校)

エンゼルプランV TEL 03-5750-0757

幼少時からの心の教育を大切にして、信仰をベースにした幼児教育を行っています。

不登校児支援スクール「ネバー・マインド」 TEL 03-5750-1741

心の面からのアプローチを重視して、不登校の子供たちを支援しています。

ユー・アー・エンゼル!(あなたは天使!)運動

一般社団法人 ユー・アー・エンゼル TEL 03-6426-7797

障害児の不安や悩みに取り組み、ご両親を励まし、勇気づける、
障害児支援のボランティア運動を展開しています。

NPO活動支援

いじめから子供を守ろうネットワーク

学校からのいじめ追放を目指し、さまざまな社会提言をしています。また、各地でのシンポジウムや学校への啓発ポスター掲示等に取り組む一般財団法人「いじめから子供を守ろうネットワーク」を支援しています。

公式サイト mamoro.org ブログ blog.mamoro.org

相談窓口 TEL.03-5544-8989

百歳まで生きる会

「百歳まで生きる会」は、生涯現役人生を掲げ、友達づくり、生きがいづくりをめざしている幸福の科学のシニア信者の集まりです。

シニア・プラン21

生涯反省で人生を再生・新生し、希望に満ちた生涯現役人生を生きる仏法真理道場です。定期的に開催される研修には、年齢を問わず、多くの方が参加しています。全世界212カ所(国内197カ所、海外15カ所)で開校中。

【東京校】TEL 03-6384-0778 FAX 03-6384-0779
メール senior-plan@kofuku-no-kagaku.or.jp

幸福実現党

内憂外患《ないゆうがいかん》の国難に立ち向かうべく、2009年5月に幸福実現党を立党しました。創立者である大川隆法党総裁の精神的指導のもと、宗教だけでは解決できない問題に取り組み、幸福を具体化するための力になっています。

党の機関紙
「幸福実現NEWS」

幸福実現党 釈量子サイト shaku-ryoko.net
Twitter 釈量子@shakuryokoで検索

幸福実現党 党員募集中

あなたも幸福を実現する政治に参画しませんか。

- ○幸福実現党の理念と綱領、政策に賛同する18歳以上の方なら、どなたでも参加いただけます。
- ○党費:正党員（年額5千円［学生 年額2千円］）、特別党員（年額10万円以上）、家族党員（年額2千円）
- ○党員資格は党費を入金された日から1年間です。
- ○正党員、特別党員の皆様には機関紙「幸福実現NEWS（党員版）」（不定期発行）が送付されます。

＊申込書は、下記、幸福実現党公式サイトでダウンロードできます。
住所:〒107-0052　東京都港区赤坂2-10-8 6階 幸福実現党本部
TEL 03-6441-0754　FAX 03-6441-0764
公式サイト hr-party.jp

幸福の科学出版

大川隆法総裁の仏法真理の書を中心に、ビジネス、自己啓発、小説など、さまざまなジャンルの書籍・雑誌を出版しています。他にも、映画事業、文学・学術発展のための振興事業、テレビ・ラジオ番組の提供など、幸福の科学文化を広げる事業を行っています。

アー・ユー・ハッピー？
are-you-happy.com

ザ・リバティ
the-liberty.com

幸福の科学出版
TEL **03-5573-7700**
公式サイト **irhpress.co.jp**

THE FACT

ザ・ファクト
マスコミが報道しない
「事実」を世界に伝える
ネット・オピニオン番組

ザ・ファクト　検索

NEW STAR PRODUCTION

ニュースター・プロダクション

「新時代の美」を創造する芸能プロダクションです。多くの方々に良き感化を与えられるような魅力あふれるタレントを世に送り出すべく、日々、活動しています。 公式サイト **newstarpro.co.jp**

ARI Production

ARI《アリ》 Production《プロダクション》

タレント一人ひとりの個性や魅力を引き出し、「新時代を創造するエンターテインメント」をコンセプトに、世の中に精神的価値のある作品を提供していく芸能プロダクションです。 公式サイト **aripro.co.jp**

大川隆法　講演会のご案内

大川隆法総裁の講演会が全国各地で開催されています。講演のなかでは、毎回、「世界教師」としての立場から、幸福な人生を生きるための心の教えをはじめ、世界各地で起きている宗教対立、紛争、国際政治や経済といった時事問題に対する指針など、日本と世界がさらなる繁栄の未来を実現するための道筋が示されています。

2019年12月17日 さいたまスーパーアリーナ「新しき繁栄の時代へ」

2019年10月6日 ザ ウェスティン ハーバーキャッスル トロント（カナダ）「The Reason We Are Here」

2019年7月5日 福岡国際センター「人生に自信を持て」

2019年3月3日 グランド ハイアット 台北（台湾）「愛は憎しみを超えて」

2019年7月13日 ホテル イースト21 東京「幸福への論点」

講演会には、どなたでもご参加いただけます。
最新の講演会の開催情報はこちらへ。⟹ 大川隆法総裁公式サイト
https://ryuho-okawa.org